Reiner Kunze
Das weiße Gedicht

Essays

S. Fischer

© 1989 S. Fischer Verlag GmbH, Frankfurt
Schwarz-Weiß-Fotos: Josef Lang, Passau
© für die Reproduktionen der Kinderbuchillustrationen
by Karel Franta, Prag, und für die Reproduktion der Lithographie
»Wintereisenbahnerhochzeit« by Jan Balet, Estavayer le Lac
Umschlaggestaltung: Buchholz/Hinsch/Walch
Umschlagfoto: Josef Lang, Passau
Satz und Druck: Wagner GmbH, Nördlingen
Einband: G. Lachenmaier, Reutlingen
Printed in Germany 1989
ISBN 3-10-042012-8

In jeder Musik ist nicht alles Musik, und in jedem Gedicht ist nicht alles Dichtung.

*Joseph Joubert*

# Konsequenzen des Ästhetischen
## Münchner Poetik-Vorlesungen

# Die Souveränität des Kunstwerks

Heinrich von Kleists »Anekdote aus dem letzten preußischen Kriege« sei, so konnte ich vor einiger Zeit lesen, »ein Stück parteilicher Publizistik . . ., ein Stück
preußischer Propaganda . . ., wenn auch auf höchstem
sprachlichen, eben Kleistschem Niveau«. Bilden wir
uns über diese Anekdote ein Urteil, und gehen wir
dann den Argumenten nach, mit denen der Vorwurf
der Parteilichkeit und der Propaganda für Preußen
begründet wird.

Anekdote aus dem letzten preußischen Kriege

In einem bei Jena liegenden Dorf erzählte mir, auf
einer Reise nach Frankfurt, der Gastwirt, daß sich
mehrere Stunden nach der Schlacht, um die Zeit,
da das Dorf schon ganz von der Armee des Prinzen
von Hohenlohe verlassen und von Franzosen, die es
für besetzt gehalten, umringt gewesen wäre, ein
einzelner preußischer Reiter darin gezeigt hätte;
und versicherte mir, daß wenn alle Soldaten, die an

diesem Tage mitgefochten, so tapfer gewesen wären wie dieser, die Franzosen hätten geschlagen werden müssen, wären sie auch noch dreimal stärker gewesen, als sie in der Tat waren. Dieser Kerl, sprach der Wirt, sprengte, ganz von Staub bedeckt, vor meinen Gasthof und rief:»Herr Wirt!« und da ich frage: was gibts?»ein Glas Branntwein!« antwortet er, indem er sein Schwert in die Scheide wirft:»mich dürstet.« Gott im Himmel! sag ich: will er machen, Freund, daß er wegkömmt? Die Franzosen sind ja dicht vor dem Dorf!»Ei, was!« spricht er, indem er dem Pferde den Zügel über den Hals legt.»Ich habe den ganzen Tag nichts genossen!« Nun er ist, glaub ich, vom Satan besessen –! He! Liese! rief ich, und schaff ihm eine Flasche Danziger herbei, und sage: da! und will ihm die ganze Flasche in die Hand drücken, damit er nur reite.»Ach, was!« spricht er, indem er die Flasche wegstößt, und sich den Hut abnimmt:»wo soll ich mit dem Quark hin?« Und:»schenk er ein!« spricht er, indem er sich den Schweiß von der Stirn abtrocknet:»denn ich habe keine Zeit!« Nun, er ist ein Kind des Todes, sag ich. Da! sag ich, und schenk ihm ein; da! trink er und reit er! Wohl mags ihm bekommen:»Noch eins!« spricht der Kerl; während die Schüsse schon von allen Seiten ins Dorf prasseln. Ich sage: noch eins? Plagt ihn –!»Noch eins!« spricht er, und streckt mir das Glas hin –»Und gut gemessen«, spricht er, indem er sich den Bart wischt, und sich vom Pferde herab schneuzt:»denn es wird bar bezahlt!« Ei, mein Seel, so wollt ich doch, daß ihn –!

Da!, sag ich, und schenk ihm noch, wie er verlangt, ein zweites, und schenk ihm, da er getrunken, noch ein drittes ein, und frage: ist er nun zufrieden? »Ach!« – schüttelt sich der Kerl. »Der Schnaps ist gut! – Na!«, spricht er, und setzt sich den Hut auf: »was bin ich schuldig?« Nichts! nichts! versetz ich. Pack er sich, ins Teufelsnamen; die Franzosen ziehen augenblicklich ins Dorf! »Na!« sagt er, indem er in seinen Stiefel greift: »so solls ihm Gott lohnen«, und holt, aus dem Stiefel, einen Pfeifenstummel hervor, und spricht, nachdem er den Kopf ausgeblasen »schaff er mir Feuer!« Feuer? sag ich: plagt ihn –? »Feuer, ja!« spricht er: »denn ich will mir eine Pfeife Tabak anmachen.« Ei, den Kerl reiten Legionen –! He, Liese, ruf ich das Mädchen! und während der Kerl sich die Pfeife stopft, schafft das Mensch ihm Feuer. »Na!« sagt der Kerl, die Pfeife, die er sich angeschmaucht, im Maul: »nun sollen doch die Franzosen die Schwerenot kriegen!« Und damit, indem er sich den Hut in die Augen drückt, und zum Zügel greift, wendet er das Pferd und zieht vom Leder. Ein Mordkerl! sag ich; ein verfluchter, verwetterter Galgenstrick! Will er sich ins Henkers Namen scheren, wo er hingehört? Drei Chasseurs – sieht er nicht? halten ja schon vor dem Tor? »Ei was!« spricht er, indem er ausspuckt; und faßt die drei Kerls blitzend ins Auge. »Wenn ihrer zehen wären, ich fürcht mich nicht.« Und in dem Augenblick reiten auch die drei Franzosen schon ins Dorf. »Bassa Manelka!« ruft der Kerl, und gibt seinem Pferde die Sporen und sprengt auf sie ein; sprengt, so wahr Gott lebt, auf sie ein, und greift sie, als ob er das ganze Hohenlohische Korps hinter sich hätte, an; dergestalt, daß, da die Chasseurs, ungewiß, ob nicht noch mehr Deutsche im Dorf sein mögen, einen Augenblick, wider ihre Gewohnheit, stutzen, er, mein Seel, ehe man noch eine Hand umkehrt, alle drei vom Sattel haut, die Pferde, die auf dem Platz herumlaufen, aufgreift, damit bei mir vorbeisprengt, und »Bassa Teremtetem!« ruft, und: »Sieht er wohl, Herr Wirt?« und »Adies!« und »auf Wiedersehn!« und »hoho! hoho! hoho!« – – So einen Kerl, sprach der Wirt, habe ich zeit meines Lebens nicht gesehen.

Kleists Figuren, schreibt Günter Blöcker in seinem Buch »Heinrich von Kleist oder Das absolute Ich«, zeichneten sich weniger durch Plastizität als »durch Unbedingtheit der Bewegung« aus, »in der sie sich offenbaren«. Und weiter schreibt er: »Die aus *einer* Quelle gespeiste, durch einen einzigen Anstoß ausgelöste Schnellkraft des Seelischen ist so bezeichnend für sie, daß sie in der Tat zuweilen Marionetten zu gleichen scheinen – Marionetten in jenem hohen Sinn, den Kleist der Gliederpuppe in seinem Essay gegeben hat ... Kleists Helden haben keine Vorgeschichte. Leblos und unerweckt hängen sie wie die Marionetten vor Beginn des Spiels. Dann aber berührt sie das Leben. Es tritt das Ereignis ein, für das sie bestimmt sind ... Das ist die unsichtbare Hand, die ›die Bälge hochreißt‹.« Schließlich stellt Blöcker fest: »Die Welt als Spiel – auch das ist ein Zug des Tragikers Kleist. Spiel nicht im Sinn des Tändelnden, sondern im Gegenteil eines blitzenden Mechanismus, für den es kein Einhalten gibt, ehe er nicht bis zur letzten Federspannung abgelaufen ist.«

Einziger Anstoß der »Schnellkraft des Seelischen« ist im Reiter der ständige Blickwechsel mit dem eigenen Tod. Der Preuße sprengt nicht deshalb in das belagerte Dorf zurück, weil er eine Heldentat vollbringen oder Beute machen will, sondern weil er den ganzen Tag nichts genossen hat, was in einem Krieg, in dem es noch auf die – im ursprünglichen Sinn des Wortes – Schlagkraft des einzelnen ankommt, das Leben kosten kann. Die Frage, warum der Reiter dann nicht nach Brot, sondern nach Schnaps verlangt, ist leicht zu beantworten: Er weiß, daß er in so kurzer Zeit nicht einmal im Brot so viel Brot zu sich nehmen könnte wie in einem Glas Branntwein; und er weiß auch, daß Schnaps den Durst stillt und »anfeuert«, lies: die Hemmschwelle herabsetzt. Auch das Anschmauchen der Pfeife ist ein Überlebensakt: Alkohol macht müde, und im Sattel einzunicken, könnte das Leben gleich mehrfach kosten. Als die drei Chasseurs vor den Toren halten, ist es für den Preußen zu spät davonzureiten; wenn er ihnen die Chance gäbe, ihm nachzusetzen, wüßten sie, daß sie es mit ihm allein zu tun haben. Der »blitzende Mechanismus«, den er halb notgedrungen, halb hasardierend in Gang setzte, muß ablaufen »bis zur letzten Federspannung«.

Der Wirt fürchtet, wenn nicht um sein Leben, so zumindest um seinen Besitz: Was, wenn die Franzosen den Preußen entdecken und den Gasthof in Schutt und Asche legen? Diese Furcht ist die Quelle, die im Wirt die »Schnellkraft des Seelischen« speist.

Wir haben es also mit durch und durch Kleistschen Gestalten in einer für sie typischen Situation zu tun.

Die äußeren Umstände des Aufeinandertreffens von Reiter und Wirt werden in einem einzigen, wenn auch Kleistschem Satz zusammengefaßt, und die »unsichtbare Hand« reißt die »Bälge« in dem Augenblick hoch, in dem der Preuße sein Pferd vor dem Gasthof zum Stehen bringt und damit sich selbst und den Wirt schon so tief in den Konflikt hineingeritten hat, daß, wenn nicht unverzüglich gehandelt wird, die Katastrophe unabwendbar ist: »Gott im Himmel! ... Will er machen, Freund, daß er wegkömmt? Die Franzosen sind ja dicht vor dem Dorf!«

Die Gelegenheit, der Katastrophe zu entgehen, wird jedoch mehrmals vergeben, und jedes Mal erhöht sich die Gefahr. »He! Liese! rief ich, und schaff ihm eine Flasche Danziger herbei, und sage: da! und will ihm die ganze Flasche in die Hand drücken, damit er nur reite. ›Ach, was!‹ spricht er, ... ›schenk er ein!‹« Oder: »Da! sag ich, und schenk ihm ein; da! trink er und reit er! ... ›Noch eins!‹ spricht der Kerl.« Und: »»... Na‹, spricht er, ... ›was bin ich schuldig?‹ Nichts! nichts! versetz ich. Pack er sich, ins Teufelsnamen ...! ›Na!‹, sagt er, ... ›schaff er mir Feuer!‹«

Die Wendung des Geschehens ist ebenso überraschend wie logisch: Obwohl die Chasseurs in der Übermacht sind, sprengt der Preuße auf sie ein und *schlägt* aus ihrer Ungewißheit blitzschnell seinen Vorteil heraus.

An direkter Rede und Schilderung des äußeren Geschehens wird alles ausgespart, was für die Darstellung des inneren Geschehens verzichtbar ist. Kleists Wirt ist ein begnadeter Erzähler. »He! Liese! rief ich, und schaff ihm eine Flasche Danziger herbei ...« Selbstverständlich ruft der Wirt nicht nur »He! Liese!«, und selbstverständlich ist sie es, die die Flasche herbeischafft – aber eben deshalb, weil es selbstverständlich ist, wäre ein Dilettant, wer auch nur ein Wort mehr aufwenden wollte. Jede Nuance der Verwünschungen, die der Wirt ausstößt, steht für eine Veränderung in ihm. »Ei, mein Seel, so wollt ich doch, daß ihn –!« Hat der Wirt bisher um des Reiters willen »Gott im Himmel« angerufen, scheint in seiner Rede plötzlich die eigene Seele auf. Aber der Wirt hält inne, denn er will ja nicht, daß den Reiter, einen der Seinen, der Teufel hole, er will nur ebensowenig, daß der Teufel ihn selbst holt.

Requisiten finden sich nur dort, wo sie für den Fortgang der Handlung unentbehrlich sind. Die Flasche Danziger, das Branntweinglas, der Pfeifenstummel und das Feuer sind ebenso unverzichtbar wie Zügel, Hut und Schwert – diese nur sind es doppelt: Der Zügel, nach scharfem Ritt dem Pferd über den Hals gelegt, wird wieder ergriffen, der Hut, abgesetzt, um den Schweiß von der Stirn zu wischen, wieder in die Augen gedrückt, und das Schwert, in die Scheide geworfen, wieder gezogen. Und da ein außergewöhnliches Requisit eine außergewöhnliche Funktion haben muß, steht in dieser Geschichte alles auf Schwertes Schneide und wird letztlich durch das Schwert grausam entschieden. Ihre Realität gewinnen die Dinge einzig aus der Bewegung, in der sie vorgeführt werden – keines wird beschrieben.

Die Bewegung, in der sich Gestalten und Dinge offenbaren, offenbart sich wiederum in der Bewegung der Sprache. »›Bassa Manelka!‹ ruft der Kerl, und gibt seinem Pferde die Sporen und sprengt auf sie ein; sprengt, so wahr Gott lebt, auf sie ein, und greift sie, als ob er das ganze Hohenlohische Korps hinter sich hätte, an; dergestalt, daß, da die Chasseurs, ungewiß, ob nicht noch mehr Deutsche im Dorf sein mögen, einen Augenblick, wider ihre Gewohnheit, stutzen . . .« – Jedes »und« ein Sporendruck: ». . . und gibt seinem Pferde . . . und sprengt auf sie ein . . . und greift sie, als ob . . .« Der Satz beschleunigt im Rhythmus des Ritts. ». . . und sprengt . . . sprengt auf sie ein und greift sie, als ob er das ganze Hohenlohische Korps hinter sich hätte, an . . .« Dieses nachgestellte, also vorgeschobene »an« ist von einer Verwegenheit, als ob es den ganzen Kleistschen Wortschatz hinter sich hätte – die Täuschung vollzieht sich bis in die Wortstellung hinein. ». . . und greift sie . . . an; dergestalt, daß, da die Chasseurs, ungewiß, ob nicht noch mehr Deutsche im Dorf sein mögen, einen Augenblick, wider ihre Gewohnheit, stutzen . . .« Die Sprache selbst stutzt: »dergestalt, daß . . . ungewiß, ob . . . wider ihre Gewohnheit . . .«

»Doch in der Kunst«, schreibt Kleist, »kommt es überall auf die Form an, und alles, was eine Gestalt hat, ist meine Sache.« Die »Anekdote aus dem letzten preußischen Kriege« ist das Ergebnis dieses Formbewußtseins und Formwillens – eine exemplarischere und vollkommenere klassische Kurzgeschichte dürfte nicht geschrieben worden sein. (Allen Strukturgesetzen ist Genüge getan: Die Ereignisse, die zum Konflikt führen, liegen *vor* der Geschichte, und der Konflikt ist zu Beginn bereits so geschürzt, daß, wenn er nicht umgehend gelöst wird, die Katastrophe unvermeidbar ist. Retardierende Elemente verzögern mehrfach den Fortgang der Handlung, und das Geschehen wird überraschend gewendet. Die Tat, die diese Wendung herbeiführt, offenbart Wesenszüge der handelnden Gestalt; anders zu agieren, ist ihr nicht gegeben. An Dialog und Requisiten wird nur bemüht, was für den Handlungsablauf unentbehrlich ist. – Über die Bezeichnung des Textes als »Kurzgeschichte« oder »Anekdote« zu streiten, wäre müßig. Er verfügt ebenso über die Struktur einer Kurzgeschichte wie über alle Merkmale einer Anekdote, denn es wird von etwas Merkwürdigem berichtet, das sich tatsächlich zugetragen hat und von Mund zu Mund gegangen ist.)

Der Gastwirt sagt, daß, wenn alle preußischen Soldaten so tapfer gewesen wären wie der Reiter, »die Franzosen hätten geschlagen werden müssen, wären sie auch noch dreimal stärker gewesen, als sie in der Tat waren«. Wollte man unterstellen, diese Behauptung sei ihm in propagandistischer Absicht in den Mund gelegt worden, könnte man nur von Propaganda *gegen* Preußen sprechen.

Zweifelsohne wünscht der Wirt, als die Schüsse von allen Seiten ins Dorf prasseln, die Franzosen wären geschlagen worden, denn selbst wenn er mit dem Leben davonkommt und der Gasthof nicht in Flammen aufgeht, hat er Plünderung und Requirierung zu gewärtigen, und als er für den durchreisenden Gast die Anekdote zum besten gibt, wünscht er zweifelsohne, die Franzosen mögen geschlagen werden; er ist kein Student der Alma mater Jenensis, der vielleicht Vorlesungen über die Ideale der Französischen Revolution gehört hat, sondern Gastwirt in einem Dorf bei Jena, das nun, ebenso wie die Stadt Danzig, aus der er seinen Branntwein bezieht, nicht mehr zu Preußen gehört. Für den Wirt ist Napoleon ein fremder Tyrann, und er ist es nicht nur für Leute wie den Wirt – Beethoven hat das Widmungsblatt der »Eroica« längst zerrissen. Doch auch dann, wenn der Wunsch des Wirtes, Napoleon möge geschlagen werden, politisch nicht zu vertreten wäre, kann man eine Geschichte nicht deshalb der Propaganda zeihen, weil die Gestalten denken und fühlen, wie es ihrem Denken und Fühlen entspricht, denn das würde bedeuten, der Kunst streitig zu machen, was sie auszeichnet, nämlich – nach Heinrich Böll – »Leben zu haben und Leben zu halten«.

Als der Preuße auf die drei Chasseurs einsprengt, heißt es, daß sie, »ungewiß, ob nicht noch mehr Deutsche im Dorf sein mögen, einen Augenblick, wider ihre Gewohnheit, stutzen«. Daß sie stutzen, kann der Wirt sehen, nicht aber, daß sie »wider ihre Gewohnheit« stutzen – das ist Kommentar; der Wirt nimmt a priori jeden Makel von ihnen: Sie sind ebensowenig gewohnt zu zögern wie der Preuße und werden nicht deshalb aus dem Sattel gehauen, weil es ihnen an Tap-

18

ferkeit gebräche, sondern weil sie einer Täuschung
unterliegen; das aber hat nichts damit zu tun, daß sie
Franzosen sind, sondern damit, daß sie Menschen
sind.

Die Gefühle, die der Wirt dem Preußen gegenüber
hegt, sind überaus zwiespältig. Wohl sieht er in ihm
den »Freund«, aber er gäbe viel darum, wäre der Reiter nie vor dem Gasthof aufgetaucht, und als alle Be-
schwörungen, »zu machen, daß er wegkömmt«, nicht
fruchten und die eilends herbeigeschaffte Flasche
Danziger als Opfer verschmäht wird, packt den Wirt
das Entsetzen: Der Preuße scheint jedes Skrupels bar
zu sein, die napoleonische Artillerie für das Dorf zu
interessieren. »Mordkerl!« geht der Wirt ihn an, »verfluchter, verwetterter Galgenstrick!« Als er sich aus
der Gefahr herausgehauen sieht, nennt er ihn einen
Kerl, wie er zeit seines Lebens keinen gesehen hat;
keiner hat ihn je in eine solche Todesangst, keiner
mehr in Erstaunen versetzt. Nichts ist in der Sicht des
Wirtes, das abhöbe auf Preußens Gloria – im Gegenteil; wobei dem Wirt zu durchschauen verwehrt ist,
daß die Niederlage der Preußen nicht den Soldaten
angelastet werden kann. Selbst wenn sie Hals über
Kopf geflohen wären, träfe die Verantwortung nicht
sie. Die Motivation zu kämpfen, war ihnen ausexer-
ziert, wenn nicht aus der Haut geschnitten worden.
Hermann von Boyen, damals Major und später preußischer Kriegsminister, schreibt: »Die 1806 in der Armee gebräuchlichen Strafen, Spießruten, Stock-
schläge, Hiebe mit kleinen mit Draht bezogenen
Röhrchen, stammten aus einem früheren Zeitalter

19

her ... Rücksichtslos züchtigte man den Soldaten auf öffentlichen Plätzen. Desertationen waren deswegen an der Tagesordnung; dagegen Lust und Liebe zur Fahne oder gar Ehrgefühl waren Dinge, die nur wenige Soldaten kannten.« Noch vor der Schlacht hatte man den Soldaten »endlose Hin- und Hermärsche, zumeist ganz zwecklose, oft zweckwidrige ... zugemutet«, zum Teil unter Anwendung strengsten Exerzierreglements. Verloren ging die Schlacht jedoch, weil auf der anderen Seite ein genialer Stratege stand und das überalterte preußische Offizierskorps an Vorstellungen festhielt, die angesichts der beweglichen Kampfweise der napoleonischen Armee selbstmörderisch waren, so daß sich die Front in Panik auflöste. Bereits vor Eintreffen des gegnerischen Heeres begingen die preußischen Generäle folgenschwere Fehler. So überließen sie die Anhöhe bei Jena, auf der sie hätten Stellung beziehen können, zur ungläubigen Verwunderung Napoleons den Franzosen. Hinzu kam, daß die preußischen Soldaten und ihre Verbündeten nicht einmal mit dem Nötigsten ausreichend versorgt waren. Einen Tag vor der Schlacht erschien im Hauptquartier des Fürsten von Hohenlohe eine Abordnung sächsischer Offiziere, die »im Auftrage des Generals von Beschwitz dem Fürsten die Mitteilung machte, daß das sächsische Korps schon seit vier Tagen dem Hungertod preisgegeben sei, und daß der kommandierende General ihm die Eröffnung machen müsse, daß, wenn die Truppen nicht noch heute Brot bekämen, er unverzüglich mit seinem Korps nach Dresden marschieren würde, da er mit seinem Korps nicht für fremde Interessen kämpfen könne, während man die Staaten seines Dienstherrn auf unverantwortliche Weise dem Feinde preisgegeben habe« (»Die deutschen Befreiungskriege«, Berlin 1909). Abgesehen davon, daß hier von einer vernichtenden Kritik an der preußischen Heeresführung berichtet wird, werden die Entbehrungen bezeugt, unter denen die Soldaten zu leiden hatten; der Ritt des Hohenlohischen Reiters zurück in das umzingelte Dorf ist also keine Eskapade.

Nachdem der Reiter getrunken und sich die Pfeife angesteckt hat, wünscht er auf die Franzosen die »Schwerenot« herab, wendet das Pferd und zieht blank, um ebenso schlagbereit, wie er hergeritten ist, zurückzureiten. Erst in diesem Augenblick erspäht der Wirt die drei Chasseurs. Weder wollte der Reiter also den Franzosen zeigen, was ein Preuße ist, noch sich irgendwelche Beute unter den Nagel reißen; die Pferde der aus dem Sattel gehauenen Chasseurs greift er auf, um vor Verfolgung sicher zu sein, und als er am Wirt vorbeigaloppiert, ruft er nicht »Es lebe der König!« oder »Es lebe Preußen!«, sondern »Bassa Teremtetem!« Hier schlägt sich keiner für eine Überzeugung – hier schlägt sich einzig die Kreatur durch. Das schließt nicht aus, daß der Reiter eine Überzeugung hat, aber ob er zur höheren Ehre von Preußen kämpft oder lieber heute als morgen desertieren würde – seine Mentalität spricht gegen beides –, ist in dieser Situation für sein Handeln belanglos; von Belang sind in diesem Augenblick nur die Reflexe. Im »Bassa Teremtetem!« des Reiters triumphiert die Kreatur, die davongekommen ist, und nichts als dieses Davongekommensein unterscheidet sie von der Kreatur in denen, die auf der Strecke geblieben sind (und die ihn zur Strecke gebracht hätten, wäre die Gunst des Augenblicks auf ihrer Seite gewesen).

Was dieser Geschichte an Richtung innewohnt, ist die Richtung der Kunst. Um den »Zuwachs an Sein«, den nach Hans-Georg Gadamer das Kunstwerk bedeutet, intensiviert sie unser Leben und mehrt die Voraussetzungen in uns, uns unser selbst bewußt zu werden, was in diesem Fall heißt, uns durch Teilhabe am Schicksal des Reiters, des Wirtes und der Chasseurs dem Absurden zu stellen.

Ob wir noch hinhören können, um zu hören, was in einer Geschichte erzählt wird, und was unsere Vorstellungs- und Verstandeskraft dann daraus macht, sind Fragen, die uns selbst betreffen, nicht das Werk. »Denn«, so sagt Eichendorff, »kein Dichter gibt einen fertigen Himmel; er stellt nur die Himmelsleiter auf . . .«

Worauf stützen sich nun diejenigen, die behaupten, dieser Text sei tendenziös im Sinne »preußischer Propaganda«?

Die »Anekdote aus dem letzten preußischen Kriege« ist, sagen sie, in den »Berliner Abendblättern« erschienen, und Kleist habe als Herausgeber dieser Zeitung den Anekdoten »eine pädagogische und eine propädeutische Aufgabe« zugedacht. Sie »sollten die ›Lust‹ singen, ›fürs Vaterland zu streiten‹, gegen die Franzosen, und sie sollten ›das Volk vergnügen und dasselbe reizen, auch wohl die anderen Aufsätze, die nicht unmittelbar für dasselbe geschrieben sind, zu überlesen‹ (im Sinne von lesen)«. Das entspricht Kleists politischer Haltung, womit nicht gesagt sei, daß er ein geborener Franzosenhasser gewesen ist. »Übrigens muß man gestehen, daß es vielleicht nirgends Unterhaltung gibt, als unter den Franzosen«, schreibt er 1801 aus Paris. »Man nenne einem Deutschen ein Wort, oder zeige ihm ein Ding, darauf wird er kleben bleiben, er wird es tausendmal mit seinem Geiste anfassen, drehen und wenden, bis er es von allen Seiten kennt, und alles, was sich davon sagen läßt, erschöpft hat. Dagegen ist der zweite Gedanke über ein und dasselbe Ding dem Franzosen langweilig ... Der Deutsche spricht mit Verstand, der Franzose mit Witz. Das Gespräch des ersteren ist wie eine Reise zum Nutzen, das Gespräch des anderen wie ein Spaziergang zum Vergnügen. Der Deutsche geht um das Ding herum, der Franzose fängt den Lichtstrahl auf, den es ihm zuwirft, und geht vorüber.« Noch 1809, in dem Jahr also, in dem Kleist Texte wie »Germania und ihre Kinder« oder »Die Hermannsschlacht« verfaßte, »das Ungeheuerlichste, was in dieser Art in Deutschland geschrieben wurde«, wie Helmut Sembdner sagt, unterscheidet Kleist zwischen den Franzosen als solchen und den Franzosen als den gegenwärtigen Feinden des Vaterlandes. In seinem »Katechismus der Deutschen« lautete eine der Fragen: »Wer sind deine Feinde, mein Sohn?« Kleist läßt antworten: »Napoleon, und solange er ihr Kaiser ist, die Franzosen.« Auch ist Kleist in seinem Wesen alles andere als militant. »Die größten Wunder militärischer

Disziplin, die der Gegenstand des Erstaunens aller Kenner waren«, schreibt er, »wurden der Gegenstand meiner herzlichsten Verachtung; die Offiziere hielt ich für so viele Exerziermeister, die Soldaten für so viele Sklaven, und wenn das ganze Regiment seine Künste machte, schien es mir als ein lebendiges Monument der Tyrannei.« Und Thomas Mann über den Soldaten Kleist: »Als Fähnrich kommt er zur Rheinarmee, nimmt teil an der Belagerung von Mainz und macht zwei veritable Gefechte mit. ›Gebe uns der Himmel Frieden‹, schreibt er, ›um die Zeit, die wir hier so unmoralisch töten, mit menschenfreundlicheren Taten bezahlen zu können.‹ Nach Begeisterung für den Soldatenstand klingt das nicht.« Aber Kleist begehrt, die Verzweiflung über sein persönliches Geschick der Verzweiflung über das Geschick des Vaterlandes zuschlagend, »gegen den Unterdrücker ... mit den Mitteln der Finsternis« auf, wie es bei Blöcker heißt, und das Wort »Ungerechtigkeit«, das den Dichter wohl ebenso zur Räson gebracht hätte, wie es Kohlhaas aus seinem mordbrennerischen Gerechtigkeitsrausch weckt, dürfte damals in Kleists Umgebung nicht vernehmbar gewesen sein. Insofern war er »Medium des Zeitgeistes ..., eines Geistes, dessen volle Wirksamkeit erst im nächsten Jahrhundert furchtbare Realität wurde« (Helmut Sembdner):

Alle Plätze, Trift' und Stätten,
Färbt mit ihren Knochen weiß;
Welchen Rab und Fuchs verschmähten,
Gebet ihn den Fischen preis;

Dämmt den Rhein mit ihren Leichen;
Laßt, gestäuft von ihrem Bein,
Schäumend um die Pfalz ihn weichen,
Und ihn dann die Grenze sein!
CHOR:
Eine Lustjagd, wie wenn Schützen
Auf die Spur dem Wolfe sitzen!
Schlagt ihn tot! Das Weltgericht
Fragt euch nach den Gründen nicht!

Kleists politische Appelle und journalistische Absichten sind jedoch das eine, und seine Werke – und zwar
jedes für sich genommen – das andere, wie Absicht
und Werk nie ein und dasselbe sind.
»Ist es möglich, daß ein Kunstwerk seine eigene
Wahrheit produziert, jenseits vom Willen des Autors
oder gar gegen diesen?« fragt Joachim Kaiser in seinem Essay »Vom Ernst der Kunstwahrheit«. Das
letzte Gedicht Ingeborg Bachmanns, das den Titel
»Keine Delikatessen« trägt, beginnt mit der Zeile:
»Nichts mehr gefällt mir.« Dann heißt es:

Soll ich
eine Metapher ausstaffieren
mit einer Mandelblüte?
Die Syntax kreuzigen mit einem
Lichteffekt?
. . .
(Soll doch. Sollen die andern.)
Mein Teil, es soll verloren gehen.

Dazu Kaiser: »Was für eine Absage! . . . Nur eben: Mit wie unverlierbar schönen Metaphern werden hier alle Metaphern verabschiedet! . . . Die Absage an Kunstwerk und delikate Form gerät der Künstlerin zum Kunstwerk in delikater Form.« Joachim Kaiser, der auch Beispiele aus der Musik anführt, bejaht die Frage, ob ein Werk jenseits vom Willen des Autors oder gegen ihn eine eigene Wahrheit hervorbringen kann, vorbehaltlos – Formulierung und Formgebung entwänden sich oft gleichsam dem Künstler. »Plötzlich gewinnt dann der Gehalt des Werkes eine Richtung«, schreibt Kaiser, »von der sich der Autor nichts träumen ließ, ja die er vielleicht so gar nicht wollte. Die sich in Form niederschlagende objektive Kunstwahrheit drängt dann die subjektive Autorenabsicht beiseite. Das ›Nur-Ästhetische‹ erweist sich nicht nur als Richter, sondern auch als Zu-Richter. Die Form erzwingt Um-Formung des eigentlich Beabsichtigten.«

Genau das ist Kleist in der »Anekdote aus dem letzten preußischen Kriege« widerfahren – vorausgesetzt, er hat sie im Hinblick auf die tagespolitische Funktion geschrieben, die den Anekdoten in seiner Zeitung zugedacht war. Das Form-, das Gestaltwerden einer literarischen Figur unter den Händen eines Heinrich von Kleist bedeutet, daß sie als Individuum zu leben beginnt, und das wiederum heißt, er kann sie nicht gegen ihren Charakter führen. Der Autor hat es mit dem Eigen-Leben seiner Gestalten zu tun. Er ist Gott, denn er hat sie geschaffen, aber er ist *nur* Gott: Einmal zum Leben erweckt, folgen die Geschöpfe den Gesetzen der *Schöpfung*. Alles, was eine Gestalt hat, sei seine Sache, sagt Kleist. In diesem Text ist er bei der Sache geblieben, bei *seiner* Sache – oder anders gesagt: Der Künstler Kleist hat sich vom Ideologen Kleist nicht in den Schöpfungsakt hineinreden lassen. Er hatte die Kraft, dem Stoff »ästhetisch beizukommen«, um es mit einer Kaiserschen Formulierung zu sagen, so daß ein Stück »weltschaffender« Prosa entstanden ist.

»Man kann, so betrüblich es sein mag, die Tatsache nicht wegdiskutieren«, schreibt Blöcker, »daß ein Unterschied im Wesen wie im Range zwischen weltschaffender und weltverändernder Dichtung besteht, daß die eine für ihre scheinbare Wirkungslosigkeit mit ewigem Leben belohnt wird, während die andere – der flammende Aufruf, die zielgerichtete Zweckpoesie – verurteilt ist, mit ihrem Zwecke selbst zu enden.« Die politischen und sozialen Wirkungen, die von weltschaffender Dichtung ausgehen, seien, so Blöcker weiter, »versteckter, heimlicher, indirekter Art: sie nehmen den Umweg über die humanen Innenbereiche, zielen auf Veränderung der menschlichen Substanz und dann erst, wenn überhaupt, auf die irgendwelcher gesellschaftlicher Einrichtungen oder auf die Beeinflussung historischer Vorgänge.« Die »Anekdote aus dem letzten preußischen Kriege« ist nicht mit dem Zweck geendet, für den der *Redakteur* Heinrich von Kleist sie auserkoren hatte und in Dienst nahm. Zweihundert Jahre sind zwar noch nicht das ewige Leben, aber eine Ewigkeit Leben sind sie schon.

Anstatt hinzuhören, was in dieser Geschichte tatsächlich erzählt wird, läßt man sich in seinem Urteil von dem leiten, was über sie erzählt wird, ja nicht einmal speziell über sie, sondern über die Anekdoten der »Berliner Abendblätter«, und, genau genommen, auch nicht über diese Anekdoten selbst, sondern über die »pädagogische und ... propädeutische« Absicht, die der Herausgeber mit ihnen verfolgte. Anstatt davon auszugehen, daß »das Kunstergebnis ... ein Urteil« bedeutet, »ob bestimmte Gedanken, Haltungen, Absichten ... kunst-fähig sind oder nicht« (Kaiser), nimmt man die Absicht für das Werk.

»Ich habe immer geglaubt«, räsoniert Lessing, »es sei die Pflicht des Kritikers, so oft er ein Werk zu beurteilen vornimmt, sich nur auf dieses Werk allein einzuschränken; an keinen Verfasser dabei zu denken; sich unbekümmert zu lassen, ob der Verfasser noch andere Bücher, ob er noch schlechtere, ob er noch bessere geschrieben habe; um nur aufrichtig zu sagen, was für einen Begriff sich man aus diesem gegenwärtigen allein, mit Grunde von ihm machen könne. Das, sage ich, habe ich geglaubt, sei die Pflicht des Kritikers. Ist sie es denn nicht?«

Einen Beweis für den tendenziösen Charakter der Kleistschen Anekdote glaubt man auch darin zu sehen, daß sie sich von den Nationalsozialisten habe »widerstandslos ... aktualisieren und instrumentalisieren« lassen, so im »Deutschen Hausbuch, herausgegeben in Verbindung mit dem Winterhilfswerk des deutschen Volkes vom Hauptkulturamt in der Reichspropagandaleitung der NSDAP«, erschienen 1943 im Zentralverlag der Partei. Goebbels, argumentiert man, habe das Vorwort zu diesem Buch geschrieben und es einen »inneren Kraftquell und Ansporn zur Tat« genannt, denn er habe gewußt, »weshalb er Texte wie die Kleistsche Anekdote seinen Landsleuten und den ›Soldaten in diesem Kriege an allen Fronten‹ mindestens 400 000mal in die Hand drückte; weil er sich davon eine Stärkung der Kampfmoral versprach«.

Widerstand gegen eine ihn vereinnahmende Ideologie kann ein Text nur im einzelnen Menschen leisten, und wer einräumt, die Kleistsche Anekdote sei ein Text »auf höchstem sprachlichen, eben Kleistschem Niveau«, widerspricht sich selbst, wenn er behauptet, sie habe der Vereinnahmung durch die Nationalsozialisten nichts entgegenzusetzen gehabt. Wie die Sprache Hölderlins, Eichendorffs oder Hoffmanns von Fallersleben, von denen sich ebenfalls Texte in dieser Anthologie befinden, leistet die Sprache Kleists allein durch ihre Qualität der nationalsozialistischen Ideologie Widerstand. (In dem Buch »Auf verlorenem Posten« von Günter Gillessen bezeugen Leser der »Frankfurter Zeitung«, was für ein Wert an sich es war, in der Zeit des Nationalsozialismus täglich nicht-nationalsozialistische Sprache lesen zu dürfen.)

Ein Kunstwerk wirkt aber auch dadurch antitotalitär, daß die in ihm »rumorenden Energien … ewige Unbestimmtheit, Mehrdeutigkeit« produzieren (Kaiser). Wer will ausschließen, daß 1943 ein deutscher Offizier angesichts der zertrümmerten Städte das Gedicht »Das Ackerfeld« von Hoffmann von Fallersleben mit Schauder gelesen hat und die eine oder andere Strophe ihm nachgegangen ist?

Ein Leben war's im Ackerfeld,
wie sonst wohl nirgends auf der Welt.
Musik und Kirmes weit und breit
und lauter Lust und Fröhlichkeit.
. . .
Wie aber geht es in der Welt? –
Heut ist gemäht das Ackerfeld,
Zerstöret ist das schöne Haus
und hin ist Kirmes, Tanz und Schmaus.

Und wer will ausschließen, daß im vierten Kriegsjahr
bei manchem der Blick geschärft war für das Infernali-
sche im Menschen und die Lektüre der »Anekdote aus
dem letzten preußischen Kriege« alles andere bewirkt
hat, als die Kampfmoral zu heben?
Die im Kunstwerk »rumorenden Energien«, die
»ewige Unbestimmtheit« und »Mehrdeutigkeit« produzieren, machen es allerdings auch mißbrauchbar –
und zwar unabhängig vom Sujet: Hölderlins »Doch
uns ist gegeben,/ Auf keiner Stätte zu ruhn,/ Es
schwinden, es fallen/ Die leidenden Menschen/ Blind-
lings von einer/ Stunde zur andern,/ Wie Wasser von
Klippe/ Zu Klippe geworfen,/ Jahr lang ins Ungewisse
hinab.« ist dem »Deutschen Hausbuch« der NSDAP
ebenso ausgeliefert wie die Stunde vor Aufbruch in
die »geschäft'ge Welt« in Eichendorffs »O Täler weit,
o Höhen!«. Einem Stoff »ästhetisch beizukommen«,
bedeutet immer, ihm mit existentieller Relevanz beizukommen, und alles Existentielle ist ideologisch
deutbar. Ebenso bedeutet, einem Stoff ästhetisch beizukommen, ihn sinnlich wahrnehmbare oder über die

30

Sinnesvorstellung erfahrbare Gestalt werden zu lassen, ihn also der »Seinsfülle« zuzuführen und nicht der Welt der Begriffe, und auch das hat Deutbarkeit zur Folge, ja die Aneignung eines Kunstwerks *erfordert* Deutung (verstanden als einen rationalen wie emotionalen Prozeß – es gibt auch *erfühlte Deutung*). Zwar ist es das existentiell Relevante, das es unmöglich macht, ein Kunstwerk in seiner Substanz und auf Dauer ideologisch zu mißbrauchen, und es ist die Tatsache, daß es sich nicht auf den Begriff bringen läßt, die das Kunstwerk für jede totalitäre Ideologie suspekt macht, aber seine Deutbarkeit ermöglicht zugleich auch seine vordergründige ideologische Ausbeutung.

Anstatt den Mißbrauch der Kleistschen Geschichte Mißbrauch zu nennen, bedient man sich seiner als Indiz für den tendenziösen Charakter des Textes. (Wollte man sich diese Methode zueigen machen, brauchte man als »Gegenbeweis« nur Anthologien anzuführen, die von erklärten Gegnern des Nationalsozialismus herausgegeben worden sind und in die die »Anekdote aus dem letzten preußischen Kriege« ebenfalls aufgenommen wurde, zum Beispiel die Sammlung »Deutsches Lesebuch. Von Luther bis Liebknecht«, herausgegeben von Stephan Hermlin.)

Zur Begründung des Vorwurfs, der Kleistsche Text sei »ein Stück parteilicher Publizistik . . ., ein Stück preußischer Propaganda«, wird ferner der Argwohn angeführt, den die französische Zensur gegen die »Berliner Abendblätter« hegte – »mit Grund«, wie

31

man betont, denn ihr sei nicht entgangen, daß sich die Anekdoten Kleists »gegen die französischen Interessen wendeten«. Der Argwohn der französischen Zensur bestand gewiß zu Recht, aber in bezug auf das Wesen des Kleistschen Textes und die ihm innewohnende Richtung ist damit nichts bewiesen. Nicht er selbst ist antifranzösisch – hundertfünfzig Jahre später sollte man Kleists Werk in Frankreich »vornehmlich unter dem Aspekt der existentiellen Dissonanz und des absurden Daseins« begreifen (Blöcker) und diesen Text das »hinreißendste Bravourstück« nennen (Roger Ayrault) –, antifranzösisch, also gegen den Eroberer Napoleon und den Kriegsgegner Frankreich gerichtet, waren das Programm der Zeitung und der Blickwinkel ihrer Leser. Wo es Zensur gibt, wird gegen die Zensur gelesen. Der Zensor aber liest im Prinzip nicht anders. Will er effektiv verbieten, muß er voraussehen, was unter den gegebenen politischen Umständen aus einem Text heraus- oder in ihn hineingelesen werden kann. Sich auf diese Weise eines Textes zu bemächtigen, hat jedoch mit Kunstrezeption nichts gemein. (Entgegen einer romantischen Meinung sind Zeiten politischer Unterdrückung für die Rezeption von Kunst durchaus nicht nur günstig. Was die Zensur an Rezeption nicht direkt unterbindet, unterbindet sie indirekt: In jedem nicht verbotenen literarischen Text wird nur noch der Triumph über die Zensur gefeiert, und in jedem verbotenen, der im Geheimen kursiert, ebenfalls. Das Kunstwerk wird nicht mehr als das wahrgenommen, was es ist, nämlich der Schöpfung zugesellte »Schöpfung. ..., wo Gott regnen läßt auf Gute und Böse und Gerechte und Ungerechte«, wie Hölderlin in einem Brief an die Mutter schreibt.)

So ist es auch zu verstehen, daß der politische Herausgeber Kleist dem Text des Dichters Kleist die *Funktion* eines Stückes »parteilicher Publizistik« zuweist – als Redakteur ist sein Verfasser ein Leser seiner Zeit.

Auch in Kleist schert sich der Ideologe nicht um den Künstler, wenn es gilt, Politik zu machen. (Blöcker nennt Kleist als Redakteur ein »Unding«, da dieser »mythische Egozentriker ... die Welt nur im Durchgang durch das eigene Ich« zu erfahren vermocht habe.)

Anstatt also der Frage nachzugehen, warum die Zensur in Zeiten inadäquater Rezeption von Kunst »mit Grund« auch das »weltschaffende« Kunstwerk beargwöhnt, schließt man aus dem Argwohn der Zensur, es müsse sich um ein Werk politischer Propaganda handeln.

Schließlich erklärt man: »Das Verblüffende ist ja, daß man in der ›Anekdote aus dem letzten preußischen Kriege‹ gar nicht erfährt, was in dem Haudegen vorgeht: er geht in seiner Funktion als Soldat auf, er genügt seinen animalischen Trieben (dies in einer Situation, die letzteres gar nicht erlaubt), aber wir bekommen nicht zu wissen, warum und wofür er kämpft (es sei denn: um Beute), nicht welches Verhältnis er zu seinem König, zu seinem Vaterland hat, ob er glaubt, für Frau und Kinder zu fechten. Oder, um etwas anderes zu fragen: warum er nicht desertiert, wie es der gute Ulrich Bäker tat, der arme Mann aus dem Toggenburg, der die erste Schlacht im siebenjährigen Krieg, die bei Lobositz, nutzte, um das Weite zu suchen und in die Schweiz zurückzukehren.«

Mit demselben Atemzug, mit dem man behauptet, man erfahre nicht, was in dem Haudegen vorgeht, sagt man: ». . . er geht in seiner Funktion als Soldat auf.« Besser kann man den Reiter nicht charakterisieren, und die Frage, »warum er nicht desertiert, wie es der gute Ulrich Bäker tat«, enthält bereits die Antwort: weil er nicht der gute Ulrich Bäker ist. Würden wir erfahren, wofür der Reiter kämpft und wie es um ihn als Untertan, Patriot und Familienvater bestellt ist, wäre das eine andere Geschichte von einem anderen Autor. Wie wir gesehen haben, handelt es sich in der Kleistschen Anekdote um eine Situation, in der es für das Überleben völlig gleichgültig ist, wofür einer kämpft; in ihr kommt es einzig darauf an, ob einer in sich die frühen Schichten der Menschwerdung zu reaktivieren vermag – vorausgesetzt, er hat sie nicht längst reaktiviert und »geht in seiner Funktion als Soldat auf« , und der *Dichter* Kleist war nun einmal – laut Blöcker – »einzig einem so Dunklen, Unbestimmten, Verschleierten verpflichtet . . . wie der menschlichen Existenz schlechthin«.

Anstatt sich der Figur zuzuwenden, wendet man sich, da sie nicht den politischen Erwartungen entspricht, ab von ihr und begibt sich so der Möglichkeit, zum Existentiellen der Geschichte vorzudringen. (»Wer etwas Neues wirklich *kennen* lernen will [sei es ein Mensch, ein Ereignis, ein Buch]«, heißt es in Nietzsches »Menschliches, Allzumenschliches«, »der tut gut, dieses Neue mit aller möglichen Liebe aufzunehmen, von allem, was ihm daran feindlich, anstößig, falsch vorkommt, schnell das Auge abzuwenden, ja es zu vergessen: so daß man zum Beispiel dem Autor eines Buches den größten Vorsprung gibt und geradezu, wie bei einem Wettrennen, mit klopfendem Herzen danach begehrt, daß er sein Ziel erreiche. Mit diesem Verfahren dringt man nämlich der neuen Sache bis an ihr Herz, bis an ihren bewegenden Punkt: und dies heißt eben sie kennen lernen. Ist man so weit, so macht der Verstand hinterdrein seine Restriktionen; jene Überschätzung, jenes zeitweilige Aushängen des kritischen Pendels war eben nur der Kunstgriff, die Seele einer Sache herauszulocken.«)

Man betrachte das Kunstwerk als für das Kunsturteil sekundär und die Fakten aus dem Umfeld, also das Sekundäre, als primär – und der Beweis ist erbracht, daß ein Text, der seit fast zweihundert Jahren Leben hat und Leben hält, kein Kunstwerk ist.

Aber das Kunstwerk ist souverän. Nichts kann es belasten und nichts entschuldigen, das nicht in ihm ist.

*Sieben Nachsätze über das Thema hinaus*
1
Ideologen jeder Couleur pflegen dem Wort »ästhetisch« ein pejoratives »nur« voranzusetzen, sobald ein Kunsturteil ästhetische Kriterien über ideologische stellt. Der Begriff »nur-ästhetisch« ist eine Denunziation des Ästhetischen, denn es sind die ästhetischen Qualitäten, die ein Kunstwerk zum Kunstwerk machen, und die ästhetischen Kriterien sind die ihm ein-

zig gemäßen; nur mit ihnen läßt es sich in seinem Wesen erfassen.

Der Begriff »nur-ästhetisch« suggeriert, die ästhetischen Kriterien beträfen nur die Form, nicht aber die Substanz des Werkes, und er kämpft so das Terrain frei für ideologische Kriterien; denn denjenigen, die ihn ins Feld schicken, geht es nicht um die Substanz an sich, sondern um eine *bestimmte*.

Der Begriff »nur-ästhetisch« impliziert »elitär«, »unsozial«, »reaktionär«, und derjenige, der ein Werk vor einem »nur-ästhetischen« Urteil in Schutz nimmt, gilt als ein Mann des Fortschritts.

2

In Verteidigung Hindemiths schrieb Furtwängler 1934, »wo kämen wir ... hin, wenn politisches Denunziantentum im weitesten Maße auf die Kunst angewandt werden sollte?« Die »NS-Kulturgemeinde« in Berlin antwortete: »Der Nationalsozialismus setzt vor die Bewertung des Werkes die Wertung der schaffenden Persönlichkeit.«

Was Auschwitz war, hat sich uns eingebrannt. Was aber haben wir im Prinzip gelernt?

3

Blöcker konstatiert: »Die schulmeisterliche Vorstellung, ein Dichter müsse eine ›Idee‹ haben, müsse einem Übergeordneten dienen, müsse in irgendeinem Sinne staatsbürgerlich nützlich sein, verbaut den Zugang zu Kleist.«

Gelangt diese »schulmeisterliche Vorstellung« an die Macht, sterben die Dichter unnatürliche Tode – siehe Lorca, Mandelstam, Babel ...

4

In einer 1977 in Chicago gehaltenen Rede sagte Hans
Egon Holthusen: »Gilt nicht ... am Ende schon für
Kleist, was sechzig Jahre später der Autor der ›Geburt
der Tragödie‹ ... von der Kunst gesagt hat: daß wir
Kunst haben, um die ›Wahrheit‹ zu ertragen?« Das
gilt für den Menschen, seit er sich seiner selbst bewußt
geworden ist und weiß, daß er sterben muß. Die Kunst
verspricht Sisyphos nichts und versucht nicht, sein
Selbstverständnis zu brechen und sein Denken zu un-
terwerfen, damit er zu seinem Heil gelange, sondern
macht ihn seinem Schicksal gegenüber widerstandsfä-
higer.

5

»Es geht in der Erfahrung der Kunst darum, daß wir
am Kunstwerk eine spezifische Art des Verweilens
lernen. Es ist ein Verweilen, das sich offenbar dadurch auszeichnet, daß es nicht langweilig wird. Je
mehr wir verweilend uns darauf einlassen, desto spre-
chender, desto vielfältiger, desto reicher erscheint es.
Das Wesen der Zeiterfahrung der Kunst ist es, daß wir
zu weilen lernen. Das ist vielleicht die uns zugemes-
sene endliche Entsprechung dessen, was man Ewigkeit nennt« (Hans-Georg Gadamer, »Die Aktualität
des Schönen«). – Nehmen wir uns aber die Zeit zu
verweilen, statt sie uns nehmen zu lassen? Ohne Frage
ist es in das Ermessen eines jeden gestellt, ob er der
uns zugemessenen endlichen »Entsprechung zu dem,
was man Ewigkeit nennt«, teilhaftig werden will oder
nicht, aber sobald wir urteilen, ohne lange genug ver-
weilt zu haben, machen wir uns schuldig gegenüber

dem Kunstwerk und den Menschen, die unserem Urteil vertrauen.

6

Wer nicht in Gefahr geraten will, die gleichen Sanktionen seiner Mitmenschen ertragen zu müssen, die der Künstler zu ertragen hat oder zu ertragen hätte, setze sich nicht für ein Kunstwerk ein. Abdrücke in der Seele sind nicht beweisbar – man kann nur mit seiner Person für sie einstehen. Dagegen läßt sich ein Faktum wie die Veröffentlichung der »Anekdote aus dem letzten preußischen Kriege« im »Deutschen Hausbuch« der NSDAP nachprüfen, und man unterschätze nicht die verunsichernde Wirkung des Faktischen, wenn die Möglichkeit politischer Verdächtigung damit verbunden ist.

7

Wie schrieb Kleist aus Paris? »Der Deutsche geht um das Ding herum, der Franzose fängt den Lichtstrahl auf, den es ihm zuwirft, und geht vorüber.« Roger Ayrault, Professeur à la Sorbonne, nennt die »Anekdote aus dem letzten preußischen Kriege« eine »Stilübung« und fährt fort: »Ohne zu versuchen, die Gestalt des preußischen Reiters realistisch darzustellen, erweckt Kleist sie auf zwei Seiten zu intensivstem Leben ... Der eigentliche Antrieb Kleists ist hier aber jene Fähigkeit des Künstlers, im Überschwang der Freude und mit unwiderstehlichem Drang im Flug gleichzeitig zwanzig aufeinanderfolgende Bewegungen seiner Gestalt zu packen, sie in treffendsten Worten zu zeichnen, so daß eine unmittelbare Vorstellung entsteht, und sie zwischen Ausrufe zu plazieren, die in ihrer spontanen Echtheit nicht weniger bewundernswürdig sind ... Dieses unfehlbare Können, die Haltungen und Gesten seiner Helden in ihrem plötzlichen und blitzartigen Entstehen zu erfassen und Text werden zu lassen, entspricht beim Novellisten Kleist der elementaren Fähigkeit Kleists als Dramatiker: nämlich die höchsten und tiefsten Regungen der Seele zutagezufördern und sie in ihrer ganzen Eindringlichkeit in lebendige Sprache umzusetzen. Das in dieser Hinsicht hinreißendste Bravourstück ist die ›Anekdote aus dem letzten preußischen Kriege‹.«

# Die poetische Vorstellung
## Zur Struktur des dichterischen Bildes und des Poesieerlebnisses

> Es handelt sich nicht darum, ein Bild zu machen, es ist notwendig, daß es auf seinen eigenen Flügeln kommt.
>
> *Pierre Reverdy*

> Um Poesie zu lesen, muß man inspiriert sein.
>
> *Jean Cocteau*

Antonín Brousek

TÖCHTERCHEN
kleiner mond im dunklen bauch meiner frau
im spiegelinneren meiner frau
gondel aus Venedig

Töchterchen
hufeisen
Selbst das echo deines mondlächelns
bedrückt deine mutter
wie beine von bierwagenpferden im hof

Töchterchen
halbmond
kleiner paschasäbel im bauch meiner frau
Deine mutter ist die türkische flagge

Deine mutter ist eine schnecke
und kommt aus dem häuschen nicht heraus
Wenn ich mich zu ihr lege
kühlt mich die sträflingskugel
und die stäbe auf dem weinberg von Podolí
stehen leer und immer noch kalt
wie gitter

Wir sind schon traurig nach dir
traurig und ungeduldig
du apfelsinenscheibchen
Nacht für nacht dringt durch die poren des schwer-
                                    gewordenen leibes deiner mutter
der mondsüchtige
apfelsinenduft

Komm

Hier bin auch ich
obzwar du von mir noch nichts weißt
Verjage mit deinem allgegenwärtigen schrei
die schleichenden horden der zweifel
die nachts von uns stehlen

Komm

Ich kenne ein schönes spiel aus den zeiten
als ich dir am nahesten war
Ich werde mich wieder besinnen auf mich

Morgens Das abgewetzte kanapee drückt
Der rotblonden tante qualmen im haar
fuchseisen
Wir nehmen sie ihr weg erklimmen den kamin
und werden den rauch ondulieren

Komm

Vor langem vor zwanzig jahren
ähnelten wir dir
Und plötzlich sind wir fremd auch in uns selbst
und wissen nicht wohin

Leid tun die kinder die noch nicht wissen
Leid tun die erwachsenen die schon wissen

Ein Text existentieller Irritation, von dem ein Zauber
ausgeht.
    Töchterchen
    kleiner mond im dunklen bauch meiner frau
Das Kind im Leib der Frau – ein totes Gestirn?
    Töchterchen
    halbmond
Halbmond und Fötus ähneln einander in der Form.
    . . . kleiner mond im dunklen bauch meiner frau
Der Mond leuchtet, aber er leuchtet nicht aus sich
selbst heraus.

Das Ungeborene lebt, aber es lebt nicht aus sich selbst heraus.

Komm . . .

Verjage . . .

die schleichenden horden der zweifel

die nachts von uns stehlen

Das Licht des Mondes mildert die Dunkelheit, aber es ist auch ein Licht, das verklärt.

Töchterchen

hufeisen

*Eisen?*

. . . hufeisen

Hufeisen und Fötus ähneln einander in der Form. Und: »... findet einer ein hufeisen mit allen nägeln und nagelt es ob seiner hausthüre, so verbrennt das haus nicht« (nach Grimm). Landläufig gilt das Hufeisen als Glücksbringer.

Töchterchen

kleiner paschasäbel im bauch meiner frau

Das Ungeborene – ein Säbel?

. . . paschasäbel

Die Klinge des Türkensäbels ist gekrümmt wie das im Leib kauernde Kind.

. . . kleiner paschasäbel im bauch meiner frau

Das Kind kann die Mutter bei der Geburt »aufschlitzen«, sie töten.

Wir sind schon traurig nach dir

traurig und ungeduldig

du apfelsinenscheibchen

Das Apfelsinenscheibchen wächst im dunklen Inneren der Frucht wie das Kind im Inneren der Frau.

*Töchterchen*...

Die Orange ist eine süße und exotische Frucht, und die Haut unter der Schale ist zart und feinädrig durchblutet.

*Töchterchen*...

gondel aus Venedig

So wenig, wie das Ungeborene ein Stück Frucht ist, ist es ein Boot. Der Fötus aber schwimmt im Fruchtwasser und ähnelt einer venezianischen Gondel.

*Töchterchen*...

im spiegelinneren meiner frau

Die Tochter wird schlank und grazil sein wie die Mutter, bevor sie schwanger wurde.

Wenn ich mich zu ihr lege

kühlt mich die sträflingskugel

Die Wölbung des Leibes erinnert an eine Kugel. Aber: Die Frau ein Sträfling, weil sie schwanger ist? – Ist sie denn nicht »geschmiedet« an das Kind, und schränkt es sie in ihrer Bewegungsfreiheit – in ihrer Freiheit – nicht ein?

In der Vorstellung des Dichters überrascht uns die Welt. Sie ordnet sich ihm unwirklich. Realitäten, die nichts miteinander gemein zu haben scheinen, ordnen sich einander zu (das Ungeborene – ein Stück Eisen, das Ungeborene – ein Säbel, das Ungeborene – ein zum Verzehr ausgelöstes Stück Frucht, das Ungeborene – ein Boot, die Schwangere – ein Sträfling), und plötzlich entdecken wir Übereinstimmendes, das sie uns in neuem Zusammenhang begreifen läßt. In den Bildern Brouseks schlägt die Ähnlichkeit der Form oder anderer äußerer

Gegebenheiten die Brücke zu Wesensähnlichkeiten.

Vít Obrtel
Schritte hinter dem zaun

Der liegestuhl für eine weile rast. Möge der leib in
frieden ruhen! Ringsum das wiegen der glockenblu-
men, und auf der straße staub.
Die tür steht angelweit voller himmelblau. Durch
das zurückgenommensein der seele weht der garten, und durch den garten läuft ein kleines mädchen, auf dem finger einen vogel, der singt. Friedfertiger augenblick, wenn das geschlossene auge
erinnerung wird, und der vorwurf der duft des gemähten grases ist! . . . Die stunde, in der die welt
fortgeht und die schlange tot ist.
Leise!
Vielleicht weckt ihn das rotwerden der vogelbeeren
nicht, und nicht der schmetterlingsflügel, der sich
leicht an die säule seines atems lehnt.
Der liegestuhl für eine weile rast, und die versu-
chung begraben unter der ferse makelloser
träume.

Am betörendsten ist wohl das Bild:
   Vielleicht weckt ihn das rotwerden der vogelbeeren
   nicht . . .
Kann das Rotwerden der Vogelbeeren, ein lautloser
Vorgang, der als Vorgang nicht einmal wahrnehmbar
ist, den Schlummer eines Menschen gefährden? Er-

scheinungen, die einander in keiner Weise beeinflus-
sen können, in kausalen Zusammenhang zu bringen,
ist wider die Vernunft. Bekämen wir ohne diese ver-
nunftwidrige Vorstellung aber eine Ahnung von der
Verletzbarkeit jenes Schlummers? »Die Poesie auf ihrer höchsten Stufe zeigt auf ein Etwas hin, ... das ge-
heimer ist als Kausalität«, sagt Hugo von Hofmannsthal.
Durch diesen Schlummer schimmert die Außenwelt
hindurch wie das Tageslicht durch das geschlossene
Lid, und schon der veränderte Stand der Sonne
könnte den Ruhenden aufschrecken lassen. Das
Rotwerden der Vogelbeeren aber ist mehr als das
Sichverändern des Lichtes – es ist das ewige Sichverändern der Dinge selbst, ihr Werden und Verge-
hen.
Im Unterschied zur Art des Bildes bei Brousek werden hier nicht unvereinbare Erscheinungen gleichge-
setzt, und keine Ähnlichkeit der Form schlägt die
Brücke zu Wesensähnlichkeiten, aber auch hier entdeckt sich uns in der Vorstellung des Dichters die
Welt, indem sie sich ihm scheinbar vernunftwidrig
ordnet.


Wolfgang Hilbig
episode

im düstern kesselhaus im licht
rußiger lampen plötzlich auf dem brikettberg
saß ein grüner fasan
               ein prächtiger clown

silbern und grün den leuchtend roten reif am hals
mit
unverwandtem aug mit dem großen gelben schna-
bel aufmerksam
zielte er auf mich
so war er herrlicher und schöner
als ein surrealistischer regenschirm auf einer näh-
maschine
wie er dort saß genau und furchtlos verirrt
auf seinem schwarzen gipfel

konversation faɳd nicht statt
ich bewegte mich und er flog davon durch die offene
tür
doch von weit her den geruch der sonne den duft
seines farbigen gelächters ließ er hier in der nacht
und ich verwarf alle mühe das leben mythisch zu
sehen

und als das kausale grinsen meines kopfes
von energie und frost gefressen in die nacht ver-
schwand
glaubte ich nicht mehr an den untergang
der wahrnehmungen in der finsternis

Hier verknüpfte der Zufall widernatürlich, und der
Dichter erkannte das potentiell Poetische dieser Verknüpfung.
im düstern kesselhaus im licht
rußiger lampen plötzlich auf dem brikettberg
saß ein grüner fasan

Der Dichter spricht direkt aus, daß hier in der Wirklichkeit geschehen ist, was sonst nur im poetischen
Einfall geschieht:

> so war er herrlicher und schöner
> als ein surrealistischer regenschirm auf einer näh-
>> maschine
> wie er dort saß genau und furchtlos verirrt
> auf seinem schwarzen gipfel

Jeder poetische Einfall ist eine *genaue und furchtlose
Verirrung*, die eine Entdeckung bereithält.

> konversation fand nicht statt

Ein Dichter wird nie sagen, Konversation habe nicht
stattgefunden, wenn keine hätte stattfinden können.
». . . konversation fand nicht statt« heißt hier, daß es
hier nichts gab, das hätte auf den *Begriff* gebracht
werden müssen.

> und ich verwarf alle mühe das leben mythisch zu
>> sehen

Der Dichter kann nur die Richtung nennen, in der die
Entdeckung liegt, weil Erschütterung nicht *gesagt*,
sondern nur *erfahren* werden kann.

> und als das kausale grinsen meines kopfes
> von energie und frost gefressen in die nacht ver-
>> schwand
> glaubte ich nicht mehr an den untergang
> der wahrnehmungen in der finsternis

Das Gedicht selbst kündigt sich an, und für den Dichter damit die Überwindung jener Existenz, in der sich,
wie Karl Corino es formuliert, »die Schönheit nur zuweilen in Form einer Epiphanie offenbart«.

Bertolt Brecht stellt der zweiten Abteilung seiner Svendborger Gedichte einen Vierzeiler voran, der mit der Frage beginnt:

In den finsteren Zeiten
Wird da auch gesungen werden?

Im Alten Testament prophezeit Hesekiel: »... der Tag des Jammers ist nahe, an dem kein Singen mehr auf den Bergen sein wird.« Und in der »Klage der Gefangenen zu Babel«, Psalm 137, heißt es: »An den Wassern zu Babel saßen wir und weinten, wenn wir an Zion dachten. Unsere Harfen hängten wir an die Weiden dort im Lande. Denn die uns gefangen hielten, hießen uns dort singen und in unserm Heulen fröhlich sein: ›Singet uns ein Lied von Zion‹!« Für den Propheten sind »der Tag des Jammers« und »der Tag ..., an dem kein Singen ... sein wird« Synonyme, und die Gefangenen zu Babel empfinden die Aufforderung, in ihrem Elend zu singen, als grausamen Hohn, denn ihnen ist »singen« gleichbedeutend mit »fröhlich sein«.

In den finsteren Zeiten
Wird da auch gesungen werden?

Brecht antwortet:

Da wird auch gesungen werden.

Diese Behauptung ist paradox. Zweifelsohne gibt es traurige Anlässe zu singen, zum Beispiel ein Totengedenken (der Begriff »Requiem« ist zum musikalischen Gattungsbegriff geworden), aber diese Anlässe meint Brecht nicht, denn sie gibt es zu *allen* Zeiten. Er vervollständigt seine Antwort, indem er ihre Paradoxität gleichsam in die Potenz erhebt:

In den finsteren Zeiten
Wird da auch gesungen werden?
Da wird auch gesungen werden
Von den finsteren Zeiten

Wer wird von finsteren Zeiten *singen*? Meint Brecht
nicht »sagen, berichten«? Meint er nicht »dichten«?
Brecht meint, was er sagt. Er geht viel weiter zurück
als bis zur Zeit des babylonischen Exils – er geht zurück bis zu den Ursprüngen der Kunst; denn *von* den
finsteren Zeiten zu singen heißt, sie zu beschwören,
und von ihnen zu *singen*, der Finsternis nicht die Seele
auszuliefern. »Aller Kummer, alle Qual, alles geahnte
Glück sind aufgehoben in Musik. Aufgehoben: das
heißt bewahrt, verklärt und dennoch wahrhaft kon-
kret dargestellt. Indem sie tönen darf, bedeutet Musik
bereits unwiderleglich einen Einspruch gegen Qual
und Angst, von denen sie wahrlich auch tönt.« (Joachim Kaiser mit Blick auf Mozart) – Das Unvereinbare erweist sich als vereinbar. Selbstverständlich
meint Brecht nicht nur *Singen*, sondern die Kunst
schlechthin; es »gibt kein echtes Kunstwerk, das nicht
am Schluß die innere Freiheit eines jeden, der es
kannte und liebte, vergrößert hätte«, sagt Camus.
Das Gedicht »Töchterchen« von Antonín Brousek gewinnt seine Mitte, indem die Bilder sie einkreisen. Es
ist in freien Versen geschrieben. – Brousek, geboren
1941, ist Tscheche, studierte Slawistik und reagierte
auf die intellektuelle Situation vor dem »Prager Früh-
ling« ebenso beklommen wie ironisch: »DURCH DIE
BÜCHER GEHEND DER POESIE// öffne ich tür

um tür// welche wird denn endlich die verbotene sein/ hinter der mich die strafe ereilt/ für meine verwegenheit// ich öffne tür um tür// und nichts als luftzug// nichts als unbegrenzter wind// (deshalb befeuchte ich den finger/ wenn ich tür um tür öffne)«. In einem bitteren Monolog, den er Jahre später mit seiner schlafenden Frau führt, verteidigt er sich mit den Worten: »Ich weiß/ ich bin kein dichter/ der sich der himmelfahrt verschrieb/ durch den teufel«. Nach dem Einmarsch von Armeen des Warschauer Paktes 1968 emigrierte Brousek.

Der Text »Schritte hinter dem zaun« von Vít Obrtel ist ein Prosa-Gewebe aus Metaphern. – Obrtel (1901–1988), ebenfalls ein tschechischer Dichter, war von 1930 bis zum Einmarsch der deutschen Wehrmacht 1939 und von 1945 bis zur Übernahme der Macht durch die Kommunistische Partei 1948 Herausgeber der Zeitschrift für Poesie und Wissenschaft »Kvart«. Von Haus aus Architekt, schuf er in den zwanziger und dreißiger Jahren eine Reihe von Bühnenbildern u. a. für ein Stück von Vladislav Vančura, der später von den Nationalsozialisten hingerichtet wurde. Obrtel selbst war im Konzentrationslager Theresienstadt inhaftiert. Das Buch mit dem Prosagedicht »Schritte hinter dem zaun« entstand nach der Entlassung Obrtels und erschien 1944 im okkupierten und für den Krieg »totaleingesetzten« Brünn (»Friedfertiger augenblick, wenn das geschlossene auge erinnerung wird, und der vorwurf der duft des gemähten grases ist! . . . Die stunde, in der die welt fortgeht und die schlange tot ist.«)

Ein einziges, auf einer Fügung der Wirklichkeit ge-
gründetes Bild dominiert das Gedicht »episode« von
Wolfgang Hilbig. Im Unterschied zu Brouseks freiem
Vers, der vom Duktus der direkten Rede geprägt ist,
sind die Verse Hilbigs kunstvoll verschränkt und ex-
pressiv gebrochen. – Hilbig, wie Brousek 1941 geboren, ist gelernter Bohrwerksdreher und lebt in Leipzig. Das Credo-Gedicht seines 1979 in Frankfurt am
Main herausgegebenen Bandes, das in der ersten,
1983 erschienenen DDR-Auswahl seiner Gedichte
fehlt, beginnt mit den Worten: »ihr habt mir ein haus
gebaut/ laßt mich ein andres anfangen.«

In dem Vierzeiler Bertolt Brechts herrscht das Ge-
dankliche vor. »Finstere Zeiten« und »singen« sind
emotional besetzte Begriffe, keine Bilder. Das Gedicht ist streng symmetrisch gebaut, der Aufwand an
Mitteln minimal: Bis auf ein einziges Wort gleicht die
erste Zeile der vierten (»*In* den finsteren Zeiten ...
*Von* den finsteren Zeiten«), und die zweite unterscheidet sich von der dritten lediglich durch eine
Wortumstellung (»*Wird da* auch gesungen werden ...
*Da wird* auch gesungen werden.«) Klanglich sind die
Zwillingszeilen Echozeilen. – Brecht, »aufgewachsen
als Sohn wohlhabender Leute«, dem, wie er in dem
Gedicht »Verjagt mit gutem Grund« sagt, die Leute
seiner Klasse nicht gefielen, pries den Kommunismus
als »das Ende der Verbrechen«.

Vier Gedichte unterschiedlicher Art von vier Autoren
unterschiedlicher politischer Prägung – aber bei allen
überrascht uns die Welt, indem sie sich sinnvoll-wi-
dersinnig ordnet und den Blick freigibt auf etwas, das

sich, wie Sartre sagt, »nie ganz *denken* läßt«. In Goethes nachgelassenen »Schriften zu Natur und Erfahrung« heißt es: »Durch Worte sprechen wir weder die Gegenstände noch uns selbst völlig aus ... Sobald von tieferen Verhältnissen die Rede ist, tritt sogleich eine andere Sprache ein, die poetische.« Dort, wohin der Begriff nicht reicht, nähern wir uns der Wirklichkeit im poetischen Bild, das, in Abwandlung einer Metapher von Ramón Gómez de la Serna, »eine Blüte aus Blei« ist, die zu Boden fällt, wenn sich »beim Schußwechsel mit dem Gegner die beiden Kugeln unterwegs ... vereinen«. (Die Vorstellung, die Brechts Vierzeiler »In den finstern Zeiten« zugrundeliegt, hat nicht die Sinnhaftigkeit eines Bildes, aber die Struktur des Poetischen. Der französische Filmregisseur Jean Epstein nannte die Metapher »ein Theorem ..., darin man ohne Vermittler von der Hypothese zum Schluß springt«.) In »Dies der Prolog« sagt Lorca:

Der Dichter versteht
alles Unverstehbare.

Und Dinge, die sich hassen:
*er* erklärt sie zu Freunden.

Wer *das* begriffen hat, versteht nicht nur, warum ein Text, der den Versfuß regelmäßig hebt und senkt und sich an den Zeilenenden reimt, mit Poesie nichts zu tun haben muß, und warum etwas, das sich äußerlich durch nichts von Prosa abhebt, Poesie sein kann, sondern er versteht auch, daß die poetische Vorstellung nicht übersetzbar ist ins Begrifflich-Logische.
»Man hört nicht selten die Rede: ein Dichtwerk sei mit bildlichem Ausdruck geziert, reich an Bildern«,

bemerkt Hugo von Hofmannsthal. »Dies muß eine falsche Anschauung hervorrufen, als seien die Bilder – Metaphern – etwas allenfalls Entbehrliches, dem eigentlichen Stoff, aus welchem Gedichtetes besteht, äußerlich Angeheftetes. Vielmehr aber ist der uneigentliche, der bildliche Ausdruck Kern und Wesen der Poesie: jede Dichtung ist durch und durch ein Gebilde aus uneigentlichen Ausdrücken ... Was der Dichter in seinen unaufhörlichen Gleichnissen sagt, das läßt sich niemals auf irgendeine andere Weise (ohne Gleichnisse) sagen: nur das Leben selbst vermag das gleiche auszudrücken, aber in seinem Stoff, wortlos. Die Leute suchen gern hinter einem Gedicht, was sie den ›eigentlichen Sinn‹ nennen. Sie sind wie die Affen, die auch immer mit den Händen hinter einen Spiegel fahren, als müsse dort ein Körper zu fassen sein.« – Paul Valéry sekundiert: »Je mehr ein Gedicht ... Poesie ist, desto weniger kann es in Prosa gedacht werden, ohne dabei zugrunde zu gehen. Ein Gedicht kurz zusammenzufassen, es in Prosa umsetzen zu wollen, heißt das Wesen einer Kunstart verkennen ... Wenn man mich also befragt oder sich Gedanken darüber macht (wie es – zuweilen sogar recht lebhaft – geschieht), was ich in diesem oder jenem Gedicht habe ›sagen wollen‹, so antworte ich, daß ich nicht etwas habe *sagen*, sondern *machen* wollen, und daß eben diese Absicht zu *machen* das *gewollt* hat, was ich *gesagt* habe ...«

Selbstverständlich läßt sich eine bestimmte poetische Vorstellung umschreiben, aber diese Umschreibung ist nicht nur »unendlich und erschöpft die Neueinführung von Sinn nie« (Paul Ricœur), sondern die Umschreibung vermag vor allem nicht einen »Abdruck in der Seele« zu hinterlassen, »wie sich dies Bild in Wachs oder Leim formet« (Johann Gottfried Herder).

Das poetische Bild ist kein Kind der Moderne. Bekanntlich gelangt Lorca zu seiner inzwischen klassischen Metapher, das dichterische Bild verbinde »zwei entgegengesetzte Welten mit einem Reitersprung der Bildvorstellungskraft«, indem er Gedichte von Luis de Góngora untersucht, der Ende des sechzehnten, Anfang des siebzehnten Jahrhunderts lebte. Martin Heidegger fördert dieselbe Bildstruktur bei Abraham a Santa Clara zutage. Zu dem Gleichnis »Der Mensch – dieses fünf Fuß lange Nichts« bemerkt Heidegger: »Diese Worte enthalten etwas sich Widersprechendes; denn das Nichts hat keine Ausdehnung, es kann also auch nicht ›fünf Fuß lang‹ sein. Aber gerade dieser Widerspruch zwischen dem Nichts und der Länge von fünf Fuß sagt die Wahrheit ...« Heidegger weist auch auf den »Gleichklang von Reimworten« hin, »die Gegensätzliches sagen ...:

›Der Mensch ist eine Blum, sagst du, die heut vorm
Busen, morgen vorm Besen.
Der Mensch ist eine Saite(n), sagst du, die bald
lieblich
klingt, bald elend springt.
Der Mensch ist eine Uhr, sagst du, wo der Zeiger
bald steht auf eins, bald auf keins.‹«

Im Nachwort zu seiner Anthologie »Rose und Asche« kommentiert Erwin Walter Palm ein noch älteres Zeugnis poetischen Bilddenkens: »Vom letzten großen Dichter des muselmanischen Spaniens, dem Araber Ben Zamrak (1353 bis nach 1374), . . . besitzen wir ein Gedicht auf die Flecken der Giraffe, das in seiner Ausschließlichkeit des Optischen völlig ›modern‹ wirkt:

Sie hat Flanken aus Brokat
und funkelt von Edelsteinen
wie eine Handstickerei der Natur.
Ihr Fell täuscht den Blick wie ein Garten,
wo Binsen über Anemonen stehn:
Weiß liegt in dichtem Gelb
wie Silber zwischen Gold fließt.
Sie gleicht Narzissenbeeten an Hängen
über die die Vipern der Bäche laufen.

Die kunstvolle Reihung der arabischen Dichtung . . . enthält . . . jenes Element der Überraschung, das zum festen Bestand der spanischen Poetik gehört . . . Die Überraschung erhellt die Wirklichkeit. Für einen Augenblick ist alles überklar, in Staunen, Schmerz, Täuschung oder Ent-täuschung.«

(Ben Zamrak sieht »die Vipern der Bäche« über die Hänge laufen. Sechshundert Jahre später schreibt Vít Obrtel das Gedicht »Im nebel«, in dem es heißt:

Der sonnenschleifstein mühte sich vergebens,
die rostigen sensen der flüsse
zu schleifen.

Und dreihundert Jahre nach dem *Araber* Ben Zamrak und ebensoviel Jahre vor dem *Mitteleuropäer* Vít Obrtel verknüpften sich dem *Japaner* Matsunaga Teitoku die Vorstellung eines gefleckten Fells und der Anblick einer Nebellandschaft zu dem Haiku:

Stunde des Tigers:
Frühlingsnebel
auch getigert.)
Aber selbst in den Liebesgedichten des ägyptischen
Altertums – sie gelten als die älteste Individuallyrik
der Menschheit – begegnen wir poetischen Bildern,
die sich in der Struktur von einem modernen Bild
nicht unterscheiden:

Er:

. . .

Ihre Stirn ist die Vogelfalle aus rotem Holz.
    Ich bin ein Ganter,
    gefangen sind meine Füße,
    ihr Haar ist der Köder.
Aufgestellt ist die Falle an der Seite des Weges.

Selbstverständlich haben sich mit der Zeit die Dimen-
sionen des poetischen Bildes und seine Stellung im
Gedicht gewandelt.
    . . . Ihr Fell täuscht den Blick wie ein Garten,
    wo Binsen über Anemonen stehn:
    Weiß liegt in dichtem Gelb
    wie Silber zwischen Gold fließt . . .
Zum Vergleich ein Gedicht von Guiseppe Ungaretti
(Ingeborg Bachmann):

Soldaten

So
wie im Herbst
am Baum
Blatt und Blatt

Das moderne poetische Bild entspricht den Denkdimensionen und der Denkgenauigkeit unserer Zeit. Die Entfernungen, die es überbrückt, und die geistigen Spannungen, denen es ausgesetzt ist, sind extrem.

> . . . Gelobt seist du, Niemand.
> Dir zulieb wollen
> wir blühn.
> Dir
> entgegen.

Zwischen diesem Bild von Paul Celan und den Bildern bei Andreas Gryphius liegen Welten, auch wenn es stimmt, daß es die moderne Poesie zur Poesie des Barock nicht weit hat. Andreas Gryphius:

> Was sind wir Menschen doch! Ein Wohnhaus grimmer Schmerzen,
> Ein Ball des falschen Glücks, ein Irrlicht dieser Zeit,
> Ein Schauplatz herber Angst, besetzt mit scharfem Leid,
> Ein bald verschmelzter Schnee und abgebrannte Kerzen.

In seinem Gefüge wird das poetische Bild von alldem jedoch nicht berührt. Das dichterische Bild ist »ein Schöpfungsgerät, das Gott im Innern seiner Geschöpfe vergaß« (Ortega y Gasset). Es gehört zum Grundinstrumentarium des Menschen, mit dem er sich seiner selbst und der Welt vergewissert.

Dabei macht es keinen Unterschied, ob sich der Mensch als Dichter oder als Leser eines Gedichts der Wirklichkeit versichert. In der Struktur unterscheidet sich der nachschöpferische Prozeß nicht vom schöpferischen.

Der poetische Einfall, der aus dem Unbewußten aufsteigt, überrascht den Dichter ebenso wie das aus dem Einfall hervorgegangene dichterische Bild den Leser. »Das Unbewußte«, sagt G. C. Jung, »hat Möglichkeiten, die dem Bewußtsein verschlossen sind; denn es verfügt über alle unterschwelligen ... psychischen Inhalte, über all das Vergessene und Übersehene und zudem über die Weisheit der Erfahrung ungezählter Jahrtausende, die in seinen archetypischen Strukturen niedergelegt ist. Das Unbewußte ist beständig tätig und schafft Kombinationen seiner Materialien, die der Bestimmung der Zukunft dienen. Es produziert sublimale, prospektive Kombinationen so gut wie unser Bewußtsein; nur sind sie den bewußten Kombinationen an Feinheit und Reichweite bedeutend überlegen.«

Der poetische Einfall und das aus ihm hervorgegangene dichterische Bild sind Verknüpfungen, die einerseits bezaubern, weil sie »den bewußten Kombinationen an Feinheit und Reichweite bedeutend überlegen« sind, und die andererseits verunsichern, weil sie Gewißheiten außer Kraft zu setzen scheinen, nach denen wir uns in der Welt orientieren. Staunen steht am Beginn des Gedichts im Dichter und am Beginn des Gedichts im Leser, oder, anders gesagt, die Spannung zwischen Hingerissensein und Irritation führt im Dichter zum Gedicht und im Leser zu dessen Nachschöpfung. »Wenn es wirklich zur dichterischen Kommunion kommt, das heißt, wenn das Gedicht noch die

Kraft der Enthüllung besitzt, und wenn der Leser wirklich in sein elektrisches Feld gerät, kommt es zu einer Wiedererschaffung«, schreibt Octavio Paz. »Wie jedes wiedererschaffene Werk ist das Gedicht des Lesers nicht das genaue Abbild des vom Dichter geschriebenen. Doch wenn es mit ihm nicht übereinstimmt, was das ›Dieses‹ und ›Jenes‹ betrifft, ist es mit ihm doch völlig identisch, was den Akt des Schaffens selbst betrifft: der Leser erschafft den Augenblick wieder und erschafft sich selbst.«

Vielleicht weckt ihn das rotwerden der vogelbeeren nicht . . .

Einer der Gründe, weshalb wir dieser Vorstellung erliegen, ist sicherlich, daß sie uns eine Dimension an Empfindsamkeit zu erfahren ermöglicht, die zu erfahren wir immer fähig, deren wir bisher aber nicht teilhaftig geworden waren. Wir sind bereit, Widersinn in Kauf zu nehmen, um Sein zu gewinnen. Doch bleibt ein Abdruck scheinbar vom Hufe des Teufels, denn der Seinsgewinn kommt durch Aussetzung der Logik zustande, und dem kritischen Verstand wird sich beim Anblick eines solch irritierenden Abdrucks immer ein wenig das Fell sträuben – zumindest solange, bis nicht mehr auszuschließen ist, daß der Abdruck auch vom Fuß eines Engels herrühren könnte.

Und selbstverständlich ist derselbe Engel dann auch durch die Vorstellung des Dichters gegangen. Philippe Jaccottet schreibt: ». . . die Arbeit, die man an den Worten tut . . ., um sie einer größtmöglichen Leichtigkeit und Durchlässigkeit anzunähern – diese Arbeit ist nicht nur eine des Kopfes; sie wirkt gewissermaßen auf die Seele, hilft ihr, leichter und lauterer zu werden, so daß Leben und Dichtung, eins um das andere, in uns auf eine Verbesserung unser selbst hinwirken und auf eine immer größere Klarheit. Man muß offensichtlich seine Schlechtigkeit von sich abtun, es gibt keinen anderen Ausweg. Man muß davon ablassen, um jeden Preis erstaunen zu wollen, oder niederen Rachegelüsten zu frönen, oder gefallen zu wollen, dieser oder jener Sache dienen zu wollen.«

Nur wenigen Menschen ist originär-schöpferisches Bilddenken eigen, das zu *Gedichten* führt, und nur relativ wenige bedürfen des Gedichts zum Leben, aber schon das Kind, das die Hand von der stacheligen Wange des Vaters zurückzieht und ausruft: »Du bist ein Igel!«, denkt metaphorisch. Gott hat, um im Bild Ortega y Gassets zu bleiben, das Schöpfungsgerät »Metapher« tatsächlich in *jedem* von uns zurückgelassen.

Die Tatsache, daß zur modernen Poesie besonders wenige Zugang finden, führt Cleanth Brooks zum einen darauf zurück, daß mancher »Dichter ein Snob ist und sein Publikum absichtlich beschränken will« und einige Gedichte schwierig sind »wegen der spezifischen Probleme unserer Zivilisation«, zum anderen aber vor allem darauf, daß »verhältnismäßig wenige Menschen daran gewöhnt sind, *Dichtung als Dichtung* zu lesen«.

Diejenigen, die uns Poesie erschließen sollten, öffnen uns die Augen für vieles, oft aber nicht für das eine – die poetische Imagination. Im Gegenteil, sie zerstören sie, noch ehe ihr Zauber zu wirken vermag. Sie bringen uns um das Staunen, oder sie lassen uns zumindest nicht genügend Zeit dazu, so daß uns die Imagination nicht in das Gedicht, das Gedicht uns nicht in das Werk des Dichters und dieses uns nicht in die Dichtung der Welt hineinziehen kann.

Juan Ramón Jiménez
Abschied

. . .
– Man hat das Gittertor geschlossen.
Einsam kreuzen sich
das Herz und das Feld. –
. . .

Wenn uns dieses Bild in seinen Bann schlägt und wir nicht mehr von ihm loskommen, wird es uns zu dem Gedicht zurückkehren lassen, in dem wir es gefunden haben; sei es anfangs auch nur, um uns des Wortlautes dieser Zeilen zu vergewissern.

Abschied

ZUERST, MIT WELCHER GEWALT
die wirklichen Hände!

– Man hat das Gittertor geschlossen.
Einsam kreuzen sich
das Herz und das Feld.

Mit welcher Beharrlichkeit dann
die Hände des Erinnerns.

Wir werden ein Zeichen in das Buch legen, was etwas Ähnliches ist, als steckten wir einem Menschen den Ring an den Finger, um von nun an mit ihm zusammenzuleben, und wir werden weiterlesen:

An meine Seele

Immer hältst du den Zweig bereit
für die richtige Rose . . .

Wir werden alles über diesen Dichter erfahren wollen. Man wird uns den Namen »Platero« nennen und vielleicht hinzufügen, das sei des Dichters Esel – und wir werden *Prosa als Poesie* lesen.

Du, Platero, bist noch nie zur Dachterrasse heraufgestiegen . . . Die Glocken des Kirchturms läuten in der eigenen Brust, auf gleicher Höhe wie unser heftig schlagendes Herz . . .

Der Brunnen . . ., Platero . . . Die Nacht bricht herein, und das Mondfunkeln entfacht sich drunten auf dem Grund, umkränzt von flimmernden Sternen . . . Durch ihn hindurch gewahrt man gleichsam das andere Ufer der Dämmerung . . . Platero, wenn ich mich eines Tages in den Brunnen stürze, tue ich's nicht, um mich zu töten, glaub mir, sondern um früher zum Sternepflücken zu kommen.

Auch wird man uns auf der Suche nach »unserem« Dichter auf Anthologien verweisen, und Ausschau haltend nach dem Namen »Jiménez«, wird unser Blick an drei Zeilen Antonio Machados haftenbleiben:

Im Meer der Fraun

Im Meer der Fraun
scheitern wenige bei Nacht,
viele im Morgengraun.

Wir werden dem Poetischen verfallen, und wenn man
uns dann fragen sollte, was das ist – Poesie, werden
wir es vorziehen, das Buch aufzuschlagen, in das wir
ein Zeichen legten, und das nun voller Zeichen ist:

Juan Ramón Jiménez

ICH ENTBLÄTTERTE DICH WIE EINE ROSE
um deine Seele zu erblicken,
und ich sah sie nicht.

Aber alles rund herum
– Horizonte der Länder und Meere –
alles, bis ins Unendliche
wurde von einem
durchdringenden Duft erfüllt.

# Dasselbe, das ein anderes ist
## Über das Nachdichten

> Ein Übersetzer sei: Charak-
> ter-Darsteller. Sei im Um-
> gang mit dem Autor anpas-
> sungs-fähig, aber nicht bis zur
> Selbstaufgabe; eigen-willig,
> aber nicht bis zum Starrsinn.
> Laß ihn im Vordergrund,
> bleibe dahinter – erkenn-
> bar ... Halte deine Überset-
> zung nie für vollendet.
> *Karl Dedecius*, Vorsätze für
> den Eigengebrauch

### 1. Verneigung

Unter »Nachdichten« verstehe ich, ein Gedicht so zu
übersetzen, daß es in der Sprache, in die es übersetzt
wird, wie ein Original wirkt, und daß dieses dem
fremdsprachlichen Original höchstmöglich gleicht.
Nachdichten heißt, dasselbe zu schaffen, das ein anderes ist – ein Eigenes, das ein Fremdes bleiben muß.

In dem Gedicht »Friedhof in Genua« des tschechischen Dichters Jaroslav Seifert ist von der Ambiva-
lenz im menschlichen Leben die Rede – auf See sehnt
sich der Seemann nach einem Landgang, und an Land
zieht es ihn hinaus auf das Meer. Das Gedicht endet
mit den Versen:

Dva přístavy
ó Janovane
Moře se vzdouvá
a neustane

Život a moře Život a moře

wörtlich:

Zwei Häfen
o Genuese
Die See geht hoch
und wird nicht innehalten

Leben und Meer Leben und Meer

H. C. Artmann überträgt diese Verse so:

Zwei häfen
ihr Genuesen
an land ist noch
keiner genesen

Seemanslos seemanslos

Das sind *deutsche* Verse, und sie stehen dem Original in nichts nach. Seifert habe, als ihm diese Übersetzung vorgelesen worden ist, ausgerufen: »To je lepší než originál!« (Das ist besser als das Original!) – Artmann hat nicht nur gereimt und den Reim originalgetreu plaziert, sondern einen Gleichklang gefunden (Genuesen – genesen), der in der deutschen Sprache bisher verborgen gewesen und dem tschechischen Reim durchaus gleichrangig ist. Den Seemannsseufzer »Leben und Meer Leben und Meer« mit »Seemannslos seemannslos« zu übersetzen, ist eine nach-dichterische Glanzleistung. Deutscher und zugleich originalgetreuer lassen sich diese Verse nicht übertragen. Ein Artmann, der ein Seifert ist.

2. Die interlineare Brücke

Der Nachdichter muß die Sprache, aus der er überträgt, nicht beherrschen. Selbstverständlich ist derjenige, der die Original-Sprache spricht, unvergleichlich im Vorteil, aber auch ein Interlinearübersetzer, der den Text Wort für Wort überträgt und kommentierend Aufschluß gibt über Reim und Rhythmus, Bild- und Sinnbezüge, Wortspiele, Kunstwörter usw., kann die Voraussetzung für eine Übertragung von dichterischem Rang schaffen (H. C. Artmann hat das Gedicht »Friedhof in Genua« auf der Grundlage der wörtlichen Übersetzung von Eva H. Plattner übertragen).

Selbst bei komplizierten Originalen kann ein Interlinearübersetzer vermitteln. Paul Kárpáti, der viele Übertragungen aus dem Ungarischen initiierte, fügte seiner Interlinearübersetzung des Gedichts »Dithy-rambus an die Frauen« von Gyula Illyés folgende Äu-ßerung des Dichters bei: »Die Mutter meines Vaters ... lebte auf einer Puszta und war die Frau eines recht wohlhabenden Schäfermeisters ... Durch sie lernte ich viele interessante Gesänge und Riten des katholi-schen Glaubens kennen. Alte Frauen versammelten sich bei meiner Großmutter in der dunklen Küche, um Petroleum zu sparen. An Herbst- und Winterabenden hockten stundenlang oft sechs, sieben Frauen bei ihr und rebelten Mais – eine Tätigkeit, die man auch im Sitzen und im Dunkeln verrichten kann ... Da saßen die alten Frauen nebeneinander, während eine von ih-nen, sich rhythmisch verneigend wie ein Kaleva-Sän-ger, in singendem Tonfall derlei psalmodierte: Du Rose geheimnisvollen Sinns! Turm Davids! Ehrwür-dige Schale! Turm aus Elfenbein! Maria in Gold ge-faßt! Heiliger Schrein des Friedens! Quell unserer Freude, Spiegel der Wahrheit, Heilige unter den Jungfrauen, fürnehmste Schale der Frömmigkeit! Und nach jedem Satz klagten die anderen ebenfalls unter Verneigungen im Chor: Bitt für uns! Später, als ich selber schon nach den intuitiven Gesetzen des Rhythmus und des Dichtens zu forschen begann, glaubte ich zu entdecken, daß solcherlei Aufzählun-gen auch noch in meinen viel später entstandenen Ge-dichten anzutreffen sind ... Der ›Dithyrambus an die Frauen‹ zum Beispiel erinnert an diese Litanei, ist auf diesem Rhythmus aufgebaut.«

Der Hinweis auf die Litanei dürfte Bernd Jentzsch bei der Übertragung dieses mehr als zweihundert Verse

umfassenden Gedichts geholfen haben, den Tonfall
zu treffen:

Nicht die Steine und nicht die Metalle,
nicht die alle
Zeiten überstehn,
sondern das Schilf, der Schorf, das Ried,
nicht die unsterblich bleiben wollen,
nicht die Würdevollen,
sondern die Schwachen, die Zarten:
aus dem Gras, dem Löß, dem Luch
entwickelte sich der Widerspruch.

Die das ihre tun und still vergehn.

Nicht das Wolfram, nicht der Beryll,
nicht die Säulen im assyrischen und sumerischen
Stil
mit ihren Kannelierungen, jahrtausendealt,
nicht die Pyramiden aus Basalt,
sondern der Farn, das Laub, die Äste:
nie war es das Felsenfeste . . .

3. Andeutung eines Übersetzungsprozesses

Jan Skácel

rosniček rosných hlasy rosné
(a ráno bývá neúprosné)
za všechny co jsou v srdci bosí
hlasitě z čisté rosy prosí

Wörtlich:
> der tauigen laubfrösche taustimmen
> (und der morgen pflegt unerbittlich zu sein)
> bitten für alle die im herzen barfuß sind
> laut aus reinem tau

Dieses Gedicht möchte man am liebsten auf die Hand nehmen wie einen Frosch, den man über die Straße trägt, es – nach Jacob Grimm – *über*setzen.

Im Herzen barfuß sein – eine Verknüpfung, die sich nur wörtlich übersetzen läßt. Sie ist das Herz dieses Gedichts, und in ihm ist es barfuß. Der Laubfrosch, winzig wie ein Kinderfuß und verletzlich wie die nackte Sohle, als Anwalt derer, die im Herzen barfuß sind – welchen Freiraum könnte diese Vorstellung dem Übersetzer bieten? Er kann sich nur bemühen, die Laubfrösche dem harthörigen Morgen mit derselben Inbrunst in den Ohren liegen zu lassen, mit der sie ihm im Original in den Ohren liegen. Wie ihre Stimmen knarren:

> *ros*niček *ros*ných hlasy *ros*né . . .

Die Zeile »für alle die im herzen barfuß sind« ist die Königszeile; ihr sind die anderen untertan. Sie bestimmt den Rhythmus des Gedichts (er deckt sich mit dem der Originalzeile) und gebietet über einen der Endreime. Sie kann im Deutschen nur am Schluß stehen.

Wie in dem deutschen Gattungsbegriff »Laubfrosch« das Wort »Laub« steckt, so steckt in »rosnička« das Wort »rosa« (Tau). Im Tschechischen ist der Laubfrosch also ein »Taufrosch« (Tauling). Der Intention Skácels zu folgen, heißt also, »rosnička rosná« (tauiger Taufrosch) mit »laubiger Laubfrosch« zu übersetzen. Die Bild-Probe stimmt: nicht nur, daß der Laubfrosch ein Strauch- und Baumbewohner ist, er leuchtet auch laubgrün.

In einer früheren Fassung heißt die erste Zeile des Originals:

rosniček malých hlasy rosné

Skácel hat also noch nachträglich das Adjektiv »malý« (klein) durch das Adjektiv »rosný« (tauig) ersetzt, um die Silbe »ros« ein weiteres Mal wiederholen zu können.

Froscharten, die im Deutschen ein betontes »o« oder »a« und den Konsonanten »r« im Namen haben, gibt es, so daß sich das Knarren der Stimmen in der Übersetzung nachahmen ließe, doch könnte keiner dieser Artgenossen die Stelle des Laubfrosches einnehmen: Der Moorfrosch, dem Menschen nicht annähernd so vertraut wie der Laubfrosch, ist ein Rufer aus dem eher Unheimlichen, und dem Grasfrosch, dessen Schallblasen sich nicht nach außen stülpen lassen, gebricht es an der durchdringenden Stimme. Der deutsche Übersetzer kann nur den Doppelvokal »au« zu ballen versuchen und damit auf die Assoziation des menschlichen Schmerzlautes setzen, also auf das »Gottserbärmliche« des Geschreis abheben. Das Gedicht legitimiert ihn dazu – laut (hlasitě) bitten die Frösche.

*ros*niček *ros*ných hlasy *ros*né

die *laub*igen *laub*frösche bitten *laut*

Die Reihenfolge, in der sich die Verse reimen, spielt in diesem Gedicht keine Rolle – ausschlaggebend ist

71

die Reimdichte; in den Reimen bündeln sich die Stimmen der Frösche, potenziert sich das Gelärm, mit dem sie dem Morgen zusetzen:

... hlasy *rosné*
... neú*prosné*
... v srdci *bosí*
... *rosy prosí*

Der Morgen pflegt unerbittlich zu sein – das heißt, er bemerkt die Frösche sehr wohl, ignoriert ihr Bitten aber, stellt sich »taub und blind«.

die *laub*igen *laub*frösche bitten *laut*
(der morgen stellt sich *häu*fig *taub* und *blind*)
...
für alle die im herzen barfuß *sind*

Noch nicht eingebracht sind die Bildelemente »tauige stimmen« (hlasy rosné) und »aus reinem tau« (z čisté rosy). Die Analogie »Tau-Laub« darf natürlich nicht soweit strapaziert werden, daß der Tau aus dem Morgen verschwindet. Die Stimmen der Frösche kommen aus dem Laub, und ihre Zungen können »tauig«, von Tau benetzt sein. Die Vorstellung »Tau auf der Zunge« läßt zudem besonders intensiv »Reinheit« assoziieren.

... bitten *laut*
...
mit *laub auf* den st*imm*en mit z*u*ngen be*taut*

Neben dem dreifachen »Au«-Laut, verstärkt durch das »u« in »Zunge«, das wiederum einen unbetonten Nachhall in »barfuß« findet, registrieren wir dankbar die Assonanz »stimmen – bitten«; durch sie ist der Assonanz »hlasy – hlasitě« Genüge getan.

Schon im »Buch der Natur« von Konrad von Megenberg, entstanden um 1350, wird der Laubfrosch als Meteorologe ausgewiesen: »ez ist auch ain klainz fröschel, daz haizt ... ze däutsch ain laupfrosch, daz fröschel ist grüenvar und steigt auf die paum und ruet zwischen den pletern. daz fröschel hât die art, daz ez vor hin schreit, wenn ain regen wil komen ...« Der Regen weicht die Erde auf, und der Barfüßige geht weniger beschwerlich.

> die laubigen laubfrösche bitten laut
> (der morgen stellt sich häufig taub und blind)
> mit laub auf den stimmen mit zungen betaut
> für alle die im herzen barfuß sind

## 4. Das Kunstwort

In dem Gedicht »Podzim za městem« (Herbst hinter der Stadt) konfrontiert Jan Skácel jene, die behaupten, der Mensch könne alles erklären, mit einem Kunstwort, das nicht völlig erklärbar ist. Das Gedicht beginnt:

> Wie eisenbieger stellten sich die tage
> an die holztische.
> In den haaren haben sie rost, und der blonde rauch
> zergeht eher. Aller durst erlosch,
> obwohl's zum brunnen nah ist.

> Viele zäune wuchsen aus der stille
> und entlang den zäunen viele lücken.

Und wer kennt heute
die tönernen namen assyrischer könige,
so mächtig, daß es schmerzt
um vier uhr morgens in den ebenen.

Dann fragt Skácel:
A co je *zátopolí?*
(Und was ist zátopolí?)
Das Wort »zátopolí« irritiert: Es ist nicht völlig unver-
ständlich, aber man weiß auch nicht, was es bedeutet.
Auch der Dichter kann es, wenn es ein nicht völlig
erklärbares Wort ist, nicht wissen.
Dem Übersetzer bleibt nichts anderes, als den Begriff
zu zerlegen. Die Vorsilbe »zá« findet sich u. a. in Wörtern der Stille und Geborgenheit (zátiší – Stilleben,
závětří – windgeschützter Ort, závěj – Schneewehe,
zázemí – Hinterland) – ähnlich der deutschen Vorsilbe
»um« in Umgebung, umhegen, umsäumen oder der
Präposition »hinter«. Die Nachsilbe »í« weist das
Wort als sächliches Substantiv aus – ähnlich der Nachsilbe »sein« in »Fröhlichsein«. Der Wortstamm »to-
pol« bedeutet »Pappel«. Es ergeben sich also die Elemente:
    zá topol í
    um Pappel sein
Das Wort »Pappel(n)« klingt jedoch aufgeregt, nervös
(das Ohr assoziiert »zappeln«), und da es nicht darauf
ankommt, einen Begriff mit »Pappel« zu erfinden, sondern ein Wort von der Irritation und Stimmung des
Skácelschen, kann für »Pappel« der Name jedes Bau-
mes stehen, der hinter der Stadt anzutreffen ist. Die

Linde finden wir einzelstehend und – wie auch die Pappel – als Alleebaum, und nicht nur der Name birgt eine gewisse Stille (das Ohr assoziiert »lind«), sondern der Baum selbst gilt als ein Ort des Ruhens (»Am Brunnen vor dem Tore« oder – aus den Mahlerschen »Liedern eines fahrenden Gesellen« – »Auf der Straße steht ein Lindenbaum,/ da hab ich zum erstenmal im Schlaf geruht./ Unter dem Lindenbaum . . .«).

zátopolí
umlindensein

Das Gedicht endet:

Und was ist umlindensein?

Im gestohlenen pferd wiehert der herbst.

5. Übersetzen eines Wortspiels
Ein Wortspiel zu übersetzen, ist Glückssache.
In seinem Schauspiel »Majitelé klíčů« (Die Schlüsselbesitzer) fügt Milan Kundera das »v« aus »svléci se« (sich ausziehen) in das Wort »slečna« (Fräulein) ein und kreiert die leicht laszive Wortschöpfung »svlečna«. In einer Art Schlager (»Píseň o svlečně« – Lied von der *svlečna*«) heißt es:

Když jste, slečno, svlečna,
svlékněte si ty šaty . . .

Das bedeutet: Wenn Sie, Fräulein, (also) eine sind, die sich auszieht, dann ziehen Sie dieses Kleid aus!
Im Deutschen zu den Wörtern »Fräulein« und »sich ausziehen« ein Wortspiel zu finden, das in seiner Scheinlogik ebenso zwingend ist wie das Wortspiel

Kunderas und sich außerdem wie ein Schlagertext singen läßt, kann kein Übersetzer zu*sichern*. Bestenfalls kann es ihm zu*fallen*.

Nach mehrwöchigem verzweifelten Suchen fiel mir in einem Augenblick, in dem ich nicht an die Übersetzung gedacht hatte, die Wendung ein:

> Ledig sein heißt ledig sein,
> fräulein, auch des kleides . . .

Noch heute, nach mehr als zwanzig Jahren, spüre ich etwas von der Erlösung, die ich damals empfand; denn der »Schlager vom Ledigsein« ist für das Stück von großer dramaturgischer Bedeutung.

> Ledig sein heißt ledig sein,
> fräulein, auch des kleides.
> Frauen nur, die reizlos sind,
> lügen mit dem kleide.
> Sie, mein ledig schönes kind,
> brauchen keine seide.

> Warum nicht, mein lieber? Ich finde,
> die kleider sind nur für die andern,
> und das für die andern
> verschwinde!
> Zum spaß deiner augen und jeder
> spiegelnden fläche
> will ich brav ledig sein, ledig
> bis auf die wäsche.

> Ledig sein heißt ledig sein,
> fräulein, auch der wäsche.

Einen mann erfreuen Sie
mit der haut am meisten,
und als mantel können Sie
sich die nacktheit leisten.

Warum nicht, mein lieber, ich finde,
die wäsche ist nur für die andern,
und das für die andern
verschwinde!
Und weil ich verstehe, weshalb ihr
gern nach uns schaut,
will ich auch ledig sein, ledig
bis auf die haut.

Ledig sein heißt ledig sein,
fräulein, auch der haut . . .

. . . Ich habe doch anstand und halte,
was ich versprochen:
Ich werde gleich ledig sein, ledig
bis auf die knochen.

Ledig sein heißt ledig sein
fräulein, auch der knochen . . .

. . . Ich geh dir, mein lieber, entgegen
frohen gesichts,
und werde gleich ledig sein, ledig
bis auf das nichts.

## 6. Ersetzen eines Wortspiels

Das Wort »bojínek«, das ein Gras bezeichnet, bedeutet »kleiner Ängstling« (bojí se – er, sie, es ängstigt sich). Dieser Zusammenhang (Zusammenklang) inspirierte Jan Skácel zu dem Wortspiel:

Bojí se bojí bojínek

Nach der Bedeutung im Tschechischen heißt das:

Es ängstigt sich ängstigt sich das Gras mit dem Namen »Kleiner Ängstling«

Im Deutschen heißt »bojínek« aber »Lieschgras«, so daß die wörtliche Übersetzung lautet:

Es ängstigt sich ängstigt (sich) das Lieschgras

Dieses Wortspiel erwies sich als unübersetzbar. Das »Wörterbuch der deutschen Pflanzennamen« verzeichnet unter »Lieschgras« kein einziges Synonym, in dem das Wort »Angst« anklingt, und andere Kräuter-, Gras- und Blumennamen, die an *kindliche* Angst denken lassen, waren trotz Umfrage bei Bauern, Apothekern und Kräutersammlerinnen nicht zu finden.

An die Stelle eines Wortspiels kann aber nur ein Wortspiel treten.

Dem Gedicht immer wieder nachhorchend – in ihm ist die Rede von bizarren und wehmütig-zarten Berührungen –, las ich eines Tages auf einem Saatgutsack das Wort »Wundklee«, und plötzlich hatte die Skácel-Zeile ein Echo:

Und wund wund ist der wundklee

Daß es mehr war als ein Klang-Echo, wurde mir erst nach und nach bewußt. Das »Ängstlingsgras« ängstigt sich ... Der Wundklee ist wund ... Wegen ihrer ad-

stringenten Wirkung legte man diese Art Klee früher
auf Wunden auf, und heute ist die Natur selbst voller
»Wunden«.

BERÜHRUNGEN

Auf der honigtracht zitronenblütenstaub
und auf dem apfelbäumchen im wald eine schwarze
orange

Gänschen zwicken grün
und verlieren sich in blassen brennesseln

Pfade treten
sanfte irrwege des todes

Und wund wund ist der wundklee

Wer hinein will muß durch den vorsaal
ockerbestreut bis zu den knien

Es friert hinterm zaun Deshalb immergrün

7. Die Paraphrase

In einem Meer am Äquator
verschluckte ein Hai eine Zieharmonika,
ein Walfisch, der morgens immer
am Piano saß,
sagte: Hallo, Hai,
laß uns zum Tanz aufspielen!

Sie spielten Rumba, spielten Cha-cha-cha,
der alte Pottwal sang Baß,
die Delphine tanzten dort
und traten pitsch-patsch-platsch
dem Hai auf den Schwanz.

Der Hai ließ die Harmonika sein,
lief in die Apotheke,
der Wal sitzt morgens nicht mehr am Piano,
die berühmte Meereskapelle
schwamm für immer fort.

Dieses Lied aus dem Märchen »Die drei Piraten« von Václav Čtvrtek (hier in informatorischer Übersetzung) singen drei Jungen, die, weil sie sich nicht waschen wollen, auf einer öden Insel leben. Sie stimmen es aus Langeweile an. Für die Handlung des Märchens ist das Lied ohne Bedeutung.
Die Verse sind fast alle gereimt oder durch lustige Fast-Assonanzen gebunden:
    Žralok nechal h*armo*n*iky,*
    utíkal do *a*pat*yky* . . .
    (Der Hai ließ die Harmonika sein,
    lief in die Apotheke . . .)
Die Zeile »und traten pitsch-patsch-platsch« lautet im Original:
    až-krab-tláp-šláp
»Krab« heißt »Krabbe«, »tlápnout« bedeutet »treten«, und »šláp« (von »šlápnout« – »stapfen«) erinnert an »šlapák«, einen alten Tanz.
Das Klangbild bestimmen die Vokale »a«, »o« und »u«.

V jednom moři na rovníku
spolkl žralok harmoniku,
velryba, co vždycky zrána
sedávala u piana . . .

Was es also zu übersetzen gilt, ist der Spaß am Spaß,
und so kann man sich nur von Sujet und Klang inspi-
rieren lassen und versuchen, einen ähnlich sprach-ver-
spielten Nonsenstext für Kinder zu schaffen, eine Art
übersetzerischer Adaptation oder Paraphrase. Der
Möglichkeiten sind endlos viele, und die Heiterkeit ist
von Möglichkeit zu Möglichkeit steigerbar.

Ein Hai fraß eine Orgel,
die saß ihm in der Gorgel,
die saß ihm in der Gurgel,
und klang wie eine Urgel.
Der Wal schlug aufs Klavier,
das klang, als spielen vier.

Da hat der Hai gegurgelt,
die Orgel kam geturkelt,
die Urgel kam getorkelt
und ist auf Grund georgelt.
Der Wal schwamm vom Klavier,
er war zu groß dafür.

8. Das Klangbild
Eine Belehrung, welche Bedeutung dem Klangbild
zukommen kann, erhielt ich vor vielen Jahren von einer Sängerin. Nach einer Konzertprobe kam sie zorni-
gen Blickes auf mich zu und sagte: »Sie mit Ihrem ä –

ä!« In dem russischen Kinderlied, das ich übersetzt hatte, trottet von Strophe zu Strophe ein Bär. Ich wüßte zwar auch heute nicht, wie ich die Häufung dieses Vokals hätte vermeiden können, aber ich weiß seitdem, daß es bei einem Gesangstext nicht nur auf silben- und atemgerechte Übersetzung ankommt, sondern auch auf die Singbarkeit des Klangbildes.

Auch bei Gedichten *über* Musik kann dem Klangbild manchen anderen Textelementen gegenüber Priorität zukommen. So »schreit« das über hundert Verse umfassende Gedicht »Bartók« von Gyula Illyés, eine Apotheose der »Aggressivität« Bartókscher Musik, nach Ballung schriller Vokale, nach dem Kontrast heller und dunkler Vokalketten, nach Drei-, Vier- und Vielfachreimen und nach Presto-Atem.

> . . . dann eben dieses »gewirr von tönen«,
> denn der, der dem kampf, dem die hölle verhöh-
> nenden stöhnen
> töne verlieh,
> schrie
> nach harmonie,
> schrie,
> manch verlogen schöne melodie
> zertönend, her das schicksal: harmonie,
> ordnung, wahre – gerechter als die,
> an der diese welt nur zerbricht . . .

## 9. Das Druckbild

Da die meisten Sprachen weniger silben- und wortaufwendig sind als das Deutsche, ist es oft schwierig, das Druckbild der deutschen Übersetzung dem des Origi-

nals anzunähern. Wenn der Autor das Graphische jedoch bewußt einsetzt, sei es als visuellen Akzent oder,
wie in der »graphischen Poesie«, als Bestandteil des
Poetischen, sind dem Druckbild gegebenenfalls Opfer
zu bringen.

Der ungarische Lyriker und Graphiker László Nagy
schrieb den Hymnus »Das feuer« nach eigenem Bekunden »in Form einer lodernden Flamme«.

### DAS FEUER

Feuer,
du lebendiges,
sternenmächtiges, stampfend-wendiges,
heiz die lok zu tode, hetze sie,
daß ihre schwarze einsamkeit sie nie
bedrücke,
feuer,
du lebendiges,
inspirierendes, all-beständiges,
blüh im vogel, jenem blutenden,
senge ihn, daß er vom schicksal spricht,
seine asche wolln wir nicht,
wir wolln sein wort, sein wachendes,
feuer,
du lebendiges,
eisbezwingendes, sonnenhändiges,
dulde nicht, daß einer nach dem andern wir
altern, in der seele bärtig, daß wir hier,
wo kauf, verkauf, verrat gedeihn,
wägend abkühln bis zu stein,

hülle mich in feenrot,
schnelle gegen ewiges verbot
mich übers eis in reiche, wo der tanz, der rote, loht,
du, der jugend könig,
feuer!

In den graphischen Gedichten von Václav Havel ist
das Druckbild Element der Metapher.

```
                VPŘED
       VPŘED        VPŘED
     VPŘED            VPŘED
     VPŘED            VPŘED
    VPŘED              VPŘED
    VPŘED              VPŘED
     VPŘED             VPŘED
      VPŘED           VPŘED
        VPŘED     VPŘED
             VPŘED
```

```
              VORWÄRTS
       VORWÄRTS     VORWÄRTS
      VORWÄRTS         VORWÄRTS
     VORWÄRTS          VORWÄRTS
    VORWÄRTS             VORWÄRTS
    VORWÄRTS             VORWÄRTS
     VORWÄRTS           VORWÄRTS
      VORWÄRTS         VORWÄRTS
        VORWÄRTS   VORWÄRTS
             VORWÄRTS
```

Selbstverständlich muß man hier nicht übersetzen, sondern kann das Original auch mit einer Fußnote versehen:

Za všestranný a harmonický rozvoj osobnosti!
Za všestranný a harmonický rozvoj osobnosti!
Za všestranný a harmonický rozvoj osobnosti!
Za všestranný a harmonický rozvoj osobnosti!
Za všestranný a harmonický rozvoj osobnosti!
Za všestranný a harmonický rozvoj osobnosti!
Za všestranný a harmonický rozvoj osobnosti!
Za všestranný a harmonický rozvoj osobnosti!
Za všestranný a harmonický rozvoj osobnosti!
Za všestranný a harmonický rozvoj osobnosti!
Za všestranný a harmonický rozvoj osobnosti!
Za všestranný a harmonický rozvoj osobnosti!
Za všestranný a harmonický rozvoj osobnosti!
Za všestranný a harmonický rozvoj osobnosti!
Za všestranný a harmonický rozvoj osobnosti!
Za všestranný a harmonický rozvoj osobnosti!
Za všestranný a harmonický rozvoj osobnosti!
Za všestranný a harmonický rozvoj osobnosti!
Za všestranný a harmonický rozvoj osobnosti!
Za všestranný a harmonický rozvoj osobnosti!
Za všestranný a harmonický rozvoj osobnosti!
Za všestranný a harmonický rozvoj osobnosti!
Za všestranný a harmonický rozvoj osobnosti!
Za všestranný a harmonický rozvoj osobnosti!
Za všestranný a harmonický rozvoj osobnosti!*

* Für die allseitige und harmonische Entwicklung der Persönlich-keit.

## 10. Das untermäßige Original

In einem slowakischen Gedicht heißt es von den Knospen der Kirschbäume:

> Sie sind überall, überall sind sie, sind hier und dort
> . . .
> (Sú všade, všade sú, sú tu i tam . . .)

Wenn von den acht Wörtern eines Verses vier überflüssig sind (etwas, das »überall« ist, ist bekanntlich auch »hier und dort«), ist die Verlegenheit des Übersetzers groß. Soll er den Dichter korrigieren (und Gefahr laufen, der Eigenmächtigkeit geziehen zu werden)? Oder soll er die überflüssigen Wörter mitübersetzen (und es auf sich nehmen, daß man sie nicht dem Autor, sondern dem Übersetzer anlastet – zumal eines von ihnen das Reimwort ist)?

Und was erst, wenn sich in dem Gedicht noch andere Unschärfen finden, so daß sich der Übersetzer fragen lassen muß, wie es um sein Qualitätsbewußtsein bestellt ist?

Mitunter hat er aber keine Wahl, weil der Text Teil eines Gedichtbandes ist, der als Ganzes übersetzt werden muß.

Prinzipiell kann die Antwort nur heißen: Nicht übersetzen!, und in Fällen, in denen sich der Übersetzer der Aufgabe nicht entziehen kann, hat die dichterische Qualität der Übersetzung Vorrang vor der übersetzerischen Akribie.

## 11. Dichter und Nachdichter

»Es gibt ein Vorurteil, daß nur Poeten andere Poeten übertragen dürfen«, schreibt Karl Dedecius in seinem Buch »Vom Übersetzen«, und es heißt dort weiter: »Was die Kraft und die Phantasie des Sprachschöpferischen betrifft, so brauchen Dichter wie Übersetzer die gleichen Voraussetzungen ... Es gibt Dichter, die selbst Hervorragendes geschaffen haben, aber niemals imstande waren, nicht einmal für einen Augenblick, aus der eigenen Haut, aus dem eigenen Stil, aus der eigenen Vorstellung zu schlüpfen. Solchen Dichtern gelingen in der Regel Übersetzungen nicht ... Und es gibt Nicht-Dichter, die – aus welchen Gründen auch immer – keine Gedichte schreiben und doch potentielle Dichter sind.«

Der übersetzerisch talentierte Dichter, der die Sprache des Originals beherrscht, und der Übersetzer, der ein potentieller Dichter ist, verfügen zweifelsohne über die idealen Voraussetzungen, Poesie zu übertragen.

Aber ein Vorurteil ist auch, daß ein übersetzerisch begabter Dichter, der mit einem Interlinearübersetzer zusammenarbeitet, keine Nachdichtung von Rang schaffen könne, und wer beispielsweise von »störender Zuhilfenahme von Rohübersetzungen« spricht, trägt dazu bei, daß manchem guten Gedicht – vor allem aus weniger gesprochenen Sprachen – niemals eine dichterische Übersetzung zuteil wird. Den Schaden hat nicht zuletzt jene Literatur, die um die nicht übersetzten Gedichte ärmer bleibt.

## 12. Resümee

Nachdichten und einander den eigenen Vers hin-
schenken – das ist der Internationalismus der Dichter.

# Konsequenz Leben – Schriftsteller sein im geteilten Deutschland

Mein Anliegen ist es, dem Staunen und der Empörung treu zu bleiben, solange sie wiederkehren, immer unerwartet, immer auf eine Weise, die ich weder planen noch wählen kann; und still zu sein, wenn es nichts gibt, das durch mich zum Ausdruck kommen will.

*Michael Hamburger*

I

Wenn die post
hinters fenster fährt blühn
die eisblumen gelb

Dieses Bild wird kaum jemandem einfallen, der nicht verzweifelt auf einen bestimmten Brief wartet, oder für den es nicht überlebenswichtig ist, daß die Briefe,

die von ihm oder zu ihm unterwegs sind, den Empfänger erreichen.

Brief du
zweimillimeteröffnung
der tür zur welt du
geöffnete öffnung du
lichtschein,
durchleuchtet, du

bist angekommen

Kein Autor, der sich frei in der Welt bewegen darf,
wird beim Anblick eines angekommenen Briefes assoziieren: »Brief du/zweimillimeteröffnung/der tür zur
welt«, und man muß wohl in einem Staat leben, in
dem ein Gericht wegen »staatsfeindlicher Hetze« auf
sechs Jahre Freiheitsentzug erkennt und als Beweis
für diese Hetze einen privaten, der Öffentlichkeit nie
zugänglich gewesenen Briefwechsel zuläßt (so geschehen in dem Prozeß gegen den Ingenieur Burckhard
Günther am 25. und 27. September 1978 in Frankfurt/
Oder), damit sich beim Nachdenken über Briefe
Wortspiele einstellen wie »geöffnete öffnung« und
»lichtschein, durchleuchtet«.
Das poetische Bild, das aus dem Unbewußten aufsteigt, hat seine eigene Wahrheit, und es stirbt, sobald
man sie verfälscht.

## MEDITIEREN

Was das sei, tochter?

Gegen morgen
noch am schreibtisch sitzen, am hosenbein
einen nachtfalter, der
schläft

Und keiner weiß vom anderen

Der Nachtfalter weiß nichts von demjenigen, an dessen Bein er sitzt, und dieser weiß nichts von dem
Nachtfalter. Aber dieses Bild wußte von Anbeginn
mehr als ich, denn es besagt auch: Kein Mensch weiß
vom anderen.

## DER HIMMEL VON JERUSALEM

Mittags, schlag zwölf, hoben die moscheen
aus steinernen hälsen zu rufen an,
und die kirchtürme fielen ins wort
mit schwerem geläut

Die synagoge, schien's, zog ihren schwarzen mantel
enger, das wort
nach innen genäht

Die Schlußmetapher dieses Gedichts entbehrt für
mich nicht der Dunkelheiten, aber ohne diese Dunkelheiten wäre sie nicht genau, und mehr zu wollen,

werde ich mich hüten. Als Jan Skácel nach der Bedeutung einiger seiner Metaphern befragt wurde, antwortete er: »Ich möchte, daß auch für mich, den Autor dieser Verse, manches Geheimnis Geheimnis bleibt. Es gibt Schleier, die wir nicht ungestraft berühren.«
Selbstverständlich trägt der Autor die Verantwortung für die Wahrheit seiner Bilder, und da jedes Bild rational Unauflösbares enthält, muß er ihnen bis zu einem gewissen Grad *vertrauen* – das heißt, er muß den Kombinationen des Unbewußten vertrauen und zugleich der »Verführung« durch sie widerstehen. Letzte Instanz für die Vertrauenswürdigkeit eines Bildes ist die Wirklichkeit, der es entsprang.

Wenn die post
hinters fenster fährt . . .

Post-Tatsachen aus unserem Leben in der DDR (das kleine Archiv, auf das ich mich stütze, war in der DDR jahrelang im Fußboden eines öffentlichen Gebäudes versteckt gewesen, und ich verdanke es einem Freund, daß ich die Dokumente wieder besitze): Brief, aufgegeben am 22. 12. 1969 in Frankfurt am Main, zugestellt in Greiz (Thüringen) am 2. 2. 1970, Laufzeit 43 Tage . . . Einschreibebrief, aufgegeben am 12. 8. 1970 in Reinbek bei Hamburg, zugestellt in Greiz am 6. 10. 1970, Laufzeit 56 Tage . . . Einschreibebrief mit Eilzustellung, aufgegeben am 23. 12. 1974 in Bad Vilbel, zugestellt in Greiz am 19. 1. 1975, Laufzeit 28 Tage. – Ein ausgekratztes oder tintenüberdecktes Aufgabedatum, ein Rückseitenstempel, dessen Hälften sich an der Laschenkante nicht berühren, und erbrochene Siegel gehörten ebenso zum Postalltag wie Nachforschungsbescheide: »Die Ermittlungen sind leider ergebnislos verlaufen, so daß ein Verlust auf dem Postweg angenommen werden muß...« (Deutsche Post, Bezirksdirektion Gera, 21.3. 1977)...»Da... der Empfänger den Erhalt verneint, ist es offensichtlich durch ein Versehen nicht zur Aushändigung gekommen...« (Post- und Fernmeldeamt Greiz, Telegrammnachforschung, 19.1.1977). – Briefe, die Angaben über Ort und Zeit einer geplanten Verabredung enthielten, wurden meist einen Tag nach dem genannten Termin zugestellt. – Wenn ich mich nicht irre, hat mich nie ein mit der Post geschicktes Belegexemplar meiner in der Bundesrepublik oder im westlichen Ausland erschienenen Bücher erreicht. (Weihnachten 1968 schenkte mir unsere Tochter einige von ihr bemalte Briefumschläge, darunter einen mit einem Löwen, und da der S. Fischer Verlag das Kinderbuch »Der Löwe Leopold« vorbereitete, steckte ich meinen Neujahrsgruß an den Verlag in dieses Kuvert. Durch einen Zufall wurde der Briefumschlag-Löwe zum Buchumschlag-Löwen, und die Tochter wartete geduldig-ungeduldig auf den Tag, an dem sie *ihren* Löwen gedruckt sehen würde. Aber auch sie erhielt anstelle des als Eilsendung auf den Weg gebrachten Vorausexemplars nur den »Einziehungs-Entscheid«: »Empfänger:... Kunze, Marcela... Lfd. Nr.: 1. Genaue Bezeichnung: ›Der Löwe Leopold‹. Gebrauchswert in %: Buch. Mengeneinheit: Stck. Anzahl: 1. Eintragung bei Pos. eins beendet. Erfurt, den 17.7.70«. – Dank der Risikobereitschaft und Geistesgegenwart unserer Freunde habe ich meine Bücher

93

dennoch zu Gesicht bekommen. Als der Lektor des Rowohlt Verlages mir ein Belegstück des Gedichtbandes »sensible wege« bringen wollte und die DDR-Grenzpolizisten sich mit seinem Ausweis für kurze Zeit aus dem Zugabteil entfernten, schrieb er eine Leipziger Anschrift auf einen Zettel, blickte dem einzigen Mitreisenden, mit dem er während der Fahrt kein Wort gewechselt hatte, in die Augen und ließ Zettel und Buch in eine Tüte und diese unter den Sitz gleiten. Der Lektor wurde aus dem Zug geholt und mußte nach Hamburg zurückkreisen – der Unbekannte aber brachte das Buch zu der Leipziger Anschrift, wo man es für mich entgegennahm. – Die Originalausgabe des Gedichtbandes »zimmerlautstärke« kam in einer Taschenbuchreihe heraus, und das erste Exemplar, das ich in Händen hielt, hatte in der Mitte einen Knick – ein Mädchen aus Westberlin hatte es im Büstenhalter über die Grenze gebracht. Symmetriebedingt besaß ich dann von diesem Buch zwei geknickte Exemplare.)

Der Post ein Päckchen mit einem Buchmanuskript anzuvertrauen, hätte bedeutet, Gefahr zu laufen, daß das Original beschlagnahmt und die Kopie bei einer Hausdurchsuchung gefunden wird, was der Vernichtung von vier, fünf Jahren Arbeit gleichgekommen wäre. Zudem hätte es den Verlust des Schutzes durch die Öffentlichkeit bedeutet, die ein Buch bei Erscheinen schafft. In Paragraph 106 des Strafgesetzbuches der DDR vom 12. Januar 1968, der dem Strafbestand der »Staatsfeindlichen Hetze« gilt, heißt es, daß, wer »Schriften« herstellt, die »die staatlichen, politischen, ökonomischen oder andere gesellschaftlichen Ver-

hältnisse der Deutschen Demokratischen Republik diskriminieren, ... mit Freiheitsstrafe von einem bis zu fünf Jahren bestraft« wird. Und weiter: »Wer zur Durchführung des Verbrechens Publikationsorgane oder Einrichtungen benutzt, die einen Kampf gegen die Deutsche Demokratische Republik führen, wird mit Freiheitsstrafe von zwei bis zehn Jahren bestraft ... Vorbereitung und Versuch sind strafbar.«
Das Manuskript einer Person mitzugeben, der es aus Alters- oder Invaliditätsgründen erlaubt war, in die Bundesrepublik zu reisen, wäre unverantwortlich gewesen, denn man hätte auch diese Person in Gefahr gebracht. Für eines meiner Bücher ließ ich mir deshalb von einem Kollegen in Westfalen besonders dünnes Schreibmaschinenpapier besorgen, und als das Manuskript fertig war, zerlegte ich es in 20-Gramm-Briefe. Dann fuhr ich von einer größeren Stadt der DDR zur anderen und steckte in jeder einen der Briefe in den Briefkasten. Sie kamen alle an und wurden von den verschiedenen Empfängern dem Verlag in Frankfurt weitergereicht, so daß das Manuskript wieder zusammengestellt werden konnte.
Das also war die Wirklichkeit, und die Bilder, die mir eines Tages einfielen, hätten mir ohne *diese* Wirklichkeit nicht einfallen können.

Briefe ihr
weißen läuse im
pelz des vaterlands, wartet,
die post ist
ein kamm!

Ich erinnere mich an die Bahnfahrt, auf der mir dieser
Einfall kam und Bild um Bild ihm folgte. Längst Er-
lebtes offenbarte plötzlich poetische Struktur.

O aus
einem fremden land, sieh
die marken . . . Wie
heißt das land?

– – –

Deutschland, tochter

*

O ist
die marke schön: der wolf und
die sieben geißlein und
seine pfote ist
ganz weiß . . . Wer
hat den brief geschrieben?

Vielleicht
die sieben geißlein,
vielleicht
der wolf

. . . der wolf ist tot!

Im märchen, tochter, nur
im märchen

Ich schrieb einen Zyklus von dreiunddreißig Variationen über das Thema »Die Post«, den ich später auf einundzwanzig Variationen kürzte.

Das Ministerium für Kultur der DDR verweigerte dem Aufbau-Verlag Berlin und Weimar jedoch die Druckgenehmigung für das Buch, das dieser Zyklus beschloß. Eine schriftliche Mitteilung über das Verbot habe ich nie erhalten, aber einer der beiden Lektoren, die das Manuskript nach Greiz zurückbrachten, zeichnete in unser Gästebuch eine große, durch die Nacht kriechende Schnecke, die auf ihrem Haus das Signum des Aufbau-Verlages trägt (18. 4. 67).

Als der Gedichtband 1969 im Rowohlt Verlag erschien, sagte Max Walter Schulz auf dem VI. Deutschen Schriftstellerkongreß in Berlin: »Wenn man die ... Gedichte liest, erscheint einem der fatale lyrische Ort zwischen Innenweltschau und Antikommunismus in gestochener Schärfe ... Es ist ... der nackte, vergnatzte, bei aller Sensibilität aktionslüsterne Individualismus, der aus dieser Innenwelt herausschaut und schon mit dem Antikommunismus, mit der böswilligen Verzerrung des DDR-Bildes kollaboriert ...« Anna Seghers, die damalige Vorsitzende des Deutschen Schriftstellerverbandes, hatte in ihrer Begrüßung die Rede von Schulz als »Hauptreferat« angekündigt, was bedeutete, daß er die Meinung des Vorstands, also der Partei wiedergab.

Aber das Gedicht kann nicht umkehren, so daß der Autor nur die Wahl hat zwischen Umkehr und Gedicht.

II
Im Mai 1970 veröffentlichte die Zeitschrift »Akzente«
vier Gedichte, darunter dieses:

## WIE DIE DINGE AUS TON

> Aber ich klebe meine hälften
> zusammen wie ein zerschlage-
> ner topf aus ton.
> *Jan Skácel,* brief vom februar
> 1970

1
Wir wollten sein wie die dinge aus ton

Dasein für jene,
die morgens um fünf ihren kaffee trinken
in der küche

Zu den einfachen tischen gehören

Wir wollten sein wie die dinge aus ton, gemacht
*aus erde vom acker*

Auch, daß niemand mit uns töten kann

Wir wollten sein wie die dinge aus ton
Inmitten
        soviel
                rollenden
                        stahls

2
Wir werden sein wie die scherben
der dinge aus ton: nie mehr
ein ganzes, vielleicht
ein aufleuchten
im wind

Die beiden DDR-Verlage, zu denen ich noch Kontakt
hatte, reagierten mit eingeschriebenen Briefen. Verlag Neues Leben: ». . . wir bedauern, Ihnen heute mitteilen zu müssen, daß unser Poesiealbum László Nagy
ohne Ihre Nachdichtungen erscheinen wird. Zu dieser
Entscheidung haben uns die von Ihnen in der Zeitschrift ›Akzente‹, Heft 5/1970, veröffentlichten Gedichte veranlaßt, die uns zeigen, daß Sie mit den von
unserem Verlag verfolgten kulturpolitischen Zielen
nicht mehr übereinstimmen. Der zwischen Ihnen und
dem Verlag geschlossene Nachdichtervertrag ist somit
gegenstandslos.« Und Verlag Volk und Welt: »Wir
teilen Ihnen hierdurch mit, daß wir Ihre Nachdichtungen der Werke von Gyula Illyés und Novomeský nicht
publizieren werden.« Die Verlage reagierten nicht
spontan, sondern erst ein Dreivierteljahr nach Erscheinen jenes Akzente-Heftes – ein untrügliches Indiz, daß an höchster Stelle ein Beschluß gefaßt worden war.


III
Von nun an war es mir fast nur noch möglich, in Kir-
chen zu lesen. Da ausschließlich Veranstaltungen reli-
giösen Charakters nicht genehmigungspflichtig wa-

99

ren, wurde vor und nach der Lesung gebetet, oder der Pfarrer hielt eine kurze Andacht und segnete am Schluß die Gemeinde. Doch die Notwendigkeit, sich zu einer Autorenlesung unter dem Dach der Kirche zu versammeln, weckte betont politische Erwartungen und förderte das Mißverständnis, Poesie sei verschlüsselte politische Botschaft.

## RADFAHREN

Ablenken, hin
zu den wäldern

Die autofahrer lächeln
wie erwachsene

Und wirklich, im wald
auf ästelndem pfad, knarrt
die kinderknarre in den speichen

Wenn wir absteigen
wie von einem schüttelsieb, ist der geist
feiner sand

und lockt zum spielen

Als ich dieses Gedicht eines Abends vorlas – im Saal befanden sich dreihundert Sprecherinnen und Sprecher der Katholischen Studentengemeinden der DDR –, konnte ich erst nach dreimaligem Anlauf zu Ende sprechen, denn nach dem Wort »ablenken«

brachen die Zuhörer in Beifall aus. Dieses Wort tangierte einen ihrer sehnlichsten Wünsche – das Verlangen, sich der geisttötenden politisch-ideologischen Beeinflussung zu entziehen, der sie sich teilweise bis in den Bereich des Privaten ausgesetzt sahen. Sie fühlten sich plötzlich verstanden und bestätigt. Nach einem Augenblick der Irritation hatte ich sie auch tatsächlich verstanden, und es ist legitim, daß sie das Wort »ablenken« auf ihre Situation bezogen. Aber das Poesieerlebnis erschöpfte sich bei vielen von ihnen in der Genugtuung über diese politische Übereinstimmung.

Wenn wir absteigen
wie von einem schüttelsieb, ist der geist
feiner sand

und lockt zum spielen

»Darauf, daß das Kunstwerk dem Menschen die Möglichkeit gibt, aus der Wirklichkeit, in der er lebt und die er selbst ist, in die nicht-wirkliche Sphäre der Vorstellung hinüberzugehen, beruht eine der köstlichsten Gaben, die es zu verschenken hat, nämlich sein Friede«, schrieb Romano Guardini. Die Dominanz des Politischen bringt um diese Gabe.
Während meiner Lehrtätigkeit an der Leipziger Universität Ende der fünfziger Jahre kam in der Pause eines Seminars ein Student zu mir und warnte mich: Er habe den Parteiauftrag erhalten, jede politisch verdächtige Äußerung von mir dem Staatssicherheits-

dienst zu melden. Am Ende dieses Seminars folgte mir eine Studentin auf das Zimmer und warnte mich ebenfalls. Beide hatten vom Auftrag des anderen nichts gewußt. – An der Theodor-Neubauer-Oberschule in Greiz wurde einem sechzehnjährigen Schüler nach mehreren geheimen Gesprächen die »hohe Ehre« zuteil, dem Staatssicherheitsdienst zu helfen, die Lehrer, die Eltern der Mitschüler und vor allem diese selbst vor Fehlern zu bewahren – er brauchte nur all das aufzuschreiben, was er an Äußerungen politisch für bedenklich hielt, und den Bericht jeden Donnerstag um 17 Uhr in einer vom Staatssicherheitsdienst angemieteten Wohnung abzugeben. Eines Tages vergaß der Junge, daß Donnerstag war, und ging am folgenden Abend zu dieser Wohnung. Vor der Tür traf er einen Klassenkameraden. »Machst'n du hier?« – »Machst'n du hier?!« – Angesichts einer solchen Perfektion konnte man sicher sein, daß es auch im Kirchenraum keine Lesung gab, bei der der Staatssicherheitsdienst nicht zugegen war, und mit den Jahren gewann ich eine gewisse Routine, diese Herren – nach meiner Erfahrung waren es immer Männer – im Publikum zu erkennen. Als zum Beispiel die katholischen Studentenvertreter nach dem Wort »ablenken« zu applaudieren begannen, war ein Herr in der zweiten Reihe mindestens ebenso überrascht wie ich. Er blickte mehrmals verunsichert nach beiden Seiten, und als er zu spüren schien, daß er auffiel, wenn er nicht klatschte, rührte er drei-, viermal zögernd die Hände. Nach der Lesung war er als erster in dem Gasthaus, in dem man noch in kleinerer

Runde zusammensitzen wollte, und niemand kannte ihn.

Nach einer Lesung in Greiz, die mit dem Hinweis auf die Würde des Kirchenraums ohne jede Publikumsäußerung stattgefunden hatte, holte man am folgenden Tag bei Schichtende einige Zuhörer am Fabriktor ab und brachte sie in das Gebäude des Staatssicherheitsdienstes. Eine Frau wurde nach achtstündigem Verhör mit einem Nervenzusammenbruch dem katholischen Pfarrer überstellt, den man zu diesem Zweck aus dem nächtlichen Schlaf klingelte, und ihn selbst verurteilte man zu einer Geldstrafe. Ähnliches geschah in Gera.

Aus jener Zeit stammt auch mein Wissen, daß Laserstrahlen meterdicken Beton durchdringen, so daß mit ihrer Hilfe jedes in jedem Haus geführte Gespräch mitgeschnitten werden kann – ausgenommen Gespräche, die in einer Holzkabine geführt werden (weshalb in den Neubau für die Ständige Vertretung der Bundesrepublik Deutschland in der DDR nachträglich eine Holzlaube eingebaut wurde). Als ich eines Nachts mit einem Gast aus der Tür unseres Sechs-Parteien-Wohnhauses trat, stand hinter ihr ein Hüne mit einer Art Koffer, und der Gast, ein Diplomat aus der Bundesrepublik, sagte unüberhörbar: »Na, wieder mal auf Band gesprochen!« – Was sich an Geräten in den mit zwei, drei Männern besetzten Autos befand, die wiederholt rund um die Uhr auf der gegenüberliegenden Straßenseite parkten, läßt sich nur vermuten.

## IV

Konsequenzen, die sich nach Veröffentlichung eines Gedichts für den Autor ergeben könnten, sind bei der Entstehung des Textes irrelevant. Ich mußte sie jedoch bedenken, wenn in der Bundesrepublik ein Buch in Druck war. Als S. Fischer 1971 den Band »zimmerlautstärke« angenommen hatte, der auch das Gedicht »Wie die dinge aus ton« enthält, lag ich manche halbe Nacht wach und legte mir im Geist zurecht, wie ich reagieren wollte, wenn der Staatsanwalt das eine oder andere Gedicht zum Anklagepunkt erheben würde. Ich hatte dieses Buch dem Rowohlt Verlag angeboten gehabt, aber in Reinbek war ein neuer Lektor eingezogen, der mir das glücklich in den Westen gebrachte Manuskript zurückbringen und ausrichten lassen hatte, mit diesen Gedichten könne er die revolutionären Studenten in der Bundesrepublik nicht für Lyrik gewinnen. Ich konnte nicht ausschließen, daß die westdeutsche Kritik ähnlich reagierte und man deshalb in der DDR die Umstände für eine Verhaftung als besonders günstig betrachten könnte. Damit ich mir in der Haft würde helfen können, machte mich ein befreundeter Arzt, der meinen Gesundheitszustand kannte, mit Methoden der Schmerzablenkung und der Akupressur vertraut.

Außer durch Verhaftung und Untergrabung unserer Gesundheit waren wir selbst, meine Frau und ich, jedoch relativ unangreifbar, solange sie in ihrem Beruf als Ärztin für unseren Lebensunterhalt sorgen konnte. Aber die Konsequenzen betrafen auch die Tochter und nach unserer Übersiedlung in die Bun-

desrepublik die Eltern meiner Frau in der Tschechoslowakei und meine Eltern in der DDR.

Nachdem wieder und wieder versucht worden war,
am Verhalten unserer Tochter nachzuweisen, daß
durch sie Ideologie und Moral des »Klassenfeindes« in
der Schule verbreitet würden, beschwor sie uns eines
Tages, sie nicht zu zwingen, die Schule wieder zu be-
treten. (Auf einer Elternversammlung, auf der nicht
das Benehmen unserer Tochter, sondern Gedichte
von mir zur Debatte gestanden hatten, sagte in meiner
Gegenwart einer der Väter: »Wir lassen es nicht zu,
daß unsere Kinder durch die Tochter eines solchen
Mannes verseucht werden!«) Sie ging als Pflegekraft
in ein christliches Heim für geistig Schwerstbehin-
derte nach Berlin, doch der Staatssicherheitsdienst
bedrängte den Heimleiter solange, die Einstellung
rückgängig und ihren Aufenthalt in Berlin damit unmöglich zu machen, bis die Heimleitung sie nach Mo-
naten ins Vertrauen zog und bat, von sich aus zu kün-
digen. – Sie arbeitete dann in Jena, wo sie einen Jungen kennenlernte, mit dem sie zusammenzog. Ein Be-
kannter, von dem wir nicht gewußt hatten, daß er für
den Staatssicherheitsdienst arbeitet, enttarnte sich
uns gegenüber, da er bestimmte Methoden nicht mehr
mit seinem Gewissen vereinbaren konnte, und teilte
uns mit, daß dieser Junge eigens nach Jena geschickt
worden sei, das Vertrauen unserer Tochter zu erwer-
ben. Als wir sie davon unterrichteten, glaubte sie, wir
seien dem Verfolgungswahn erlegen, aber der Junge,
der sich tatsächlich in sie verliebt hatte, beging in of-
fenkundiger Ausweglosigkeit Selbstmord. Nach Aus-

sage jenes Bekannten ist der Abschiedsbrief, den man bei dem Jungen fand, von den Sicherheitsbehörden beschlagnahmt worden.

Der in der Tschechoslowakei lebende Vater meiner Frau erlitt mehrere Herzinfarkte und wurde von einem jüngeren Arzt betreut, der auch ungerufen vorbeischaute. Nachdem er sich längere Zeit nicht hatte blicken lassen, kam er eines Tages im Dunkeln und berichtete meinen Schwiegereltern, daß er auf dem Weg zu seinem ersten medizinischen Kongreß in der Bundesrepublik Deutschland vom tschechoslowakischen Geheimdienst auf diskriminierende Weise verhört worden war. Er habe sich völlig entkleiden müssen und sei dann gefragt worden, welche Kontakte er zum Ehemann ihrer Tochter unterhalte. Der Arzt hatte von meiner Existenz nicht einmal gewußt. Er bat meine Schwiegereltern um Verständnis dafür, daß er sich nun nicht mehr um sie kümmern könne – er werde offensichtlich beobachtet.

Meine schwer erkrankte Mutter konnte seit Jahren die Wohnung nicht mehr verlassen, und mein Vater ist zu gebrechlich, um noch zu uns zu reisen. Eine Gelegenheit, daß zumindest sie ihren Sohn wieder zu Gesicht bekämen, bot ein Interview in der Fernsehsendung »Report« vom 8. März 1988. Am Morgen dieses Tages telegrafierte ich ihnen: »21 Uhr. Herzlichst Reiner«. Das Telegramm wurde am darauffolgenden Tag exakt nach Ende der vormittäglichen Wiederholung von »Report« zugestellt.

Im Bundeskanzleramt hatte man sich Ende 1988 bei der Regierung der DDR darum bemüht, daß wir nach

fast zwölf Jahren meine zweiundachtzigjährigen Eltern – meine Mutter lag im Sterben – für Stunden besuchen dürfen. Die Reaktion der DDR-Regierung sei
»ebenso hart wie ablehnend« gewesen. Drei Wochen
später war meine Mutter tot, und die Beisetzung fand
ohne uns statt. Unsere vor zwölf Jahren mit in die
Bundesrepublik übergesiedelte Tochter erhielt von
den DDR-Behörden die Genehmigung, an der Trau-
erfeier teilzunehmen, was uns, besonders im Hinblick
auf meinen Vater, erleichterte. Auf dem DDR-
Grenzbahnhof Gerstungen holte man sie jedoch aus
dem Zug, nahm ihr die Einreisegenehmigung ab und
wies sie ohne Angaben von Gründen zurück.


V
Nach dem Wechsel an der Spitze der DDR-Regierung
Anfang der siebziger Jahre gab es Kompromißversuche. Politische Kompromisse kann ich als Schriftsteller aber nur im Editorischen, nicht in der Literatur, im
Werk selbst eingehen. Das poetische Bild ist nicht
kompromißfähig, weil es auf Wahrheit verweist. Der
originäre Einfall schließt politisches Kalkül aus. Auch
liegt es letztlich nicht in der Macht des Bewußtseins,
was an Wirklichkeit poetische Bilder oder andere
dichterische Vorstellungen auslöst.
In der Gedichtauswahl »Brief mit blauem Siegel«, die
1973 im Reclam Verlag Leipzig herauskam, fehlen
acht der »Einundzwanzig variationen über das thema
›die post‹«. Da ich einerseits Verständnis dafür hatte,
daß diejenigen, die sich für das Zustandekommen

dieser Auswahl einsetzten, politisches Augenmaß wahren mußten, andererseits aber nicht dazu beitragen wollte, daß die Leser über die politischen Verhältnisse in der DDR getäuscht wurden, ließ ich über den im Manuskript verbliebenen Variationen die Ziffern stehen, die sie im Zyklus tragen. Diese offensichtliche Markierung der Lücken wurde jedoch als unannehmbar zurückgewiesen, und man bestand auf durchgehender Numerierung und Abänderung des Titels, damit nicht ersichtlich sei, wieviel Variationen der Zyklus umfaßt. Das aber hätte bedeutet, die Zensur zu decken, und so schlug ich – darauf vertrauend, daß Lyrikleser genaue Leser sind – als Überschrift vor: »Aus: variationen über das thema ›die post‹«. So konnten, ohne daß falsches Bewußtsein erzeugt wurde, in der DDR u. a. die Variationen »Wenn die post/hinters fenster fährt...« und »Brief du/zweimillimeteröffung/der tür zur welt...« erscheinen, während Texte wie dieser ungedruckt blieben:

Schöne weiber
kursierten unter den belagerern
Neapels, hinsank
das heer an
syphilis

Alle nachrichten sind
weiber

# VI

Das Buch »Die wunderbaren Jahre« hätte ich jedoch
selbst dann, wenn ich gemeint hätte, es nicht oder anders schreiben zu sollen, weder nicht, noch anders
schreiben können. Für die meisten Menschen in der
DDR hatte sich in der Zeit der Kompromißversuche
zwischen Regierung und einigen wenigen Künstlern
nichts zum Besseren gewendet, und für einen Schriftsteller ist die Wirklichkeit vor allem auch die Wirklichkeit der anderen.

Am 21. Oktober 1976 schrieb mir der Leiter des Kin-
derbuchverlages der DDR, bei dem 15 000 Exemplare
einer von Albrecht von Bodecker illustrierten Aus-
gabe des Buches »Der Löwe Leopold« zur Ausliefe-
rung bereit lagen: »Die Herausgabe des verleumderi-
schen Buches ›Die wunderbaren Jahre‹ in der BRD
und die Herausgabe eines Buches des gleichen Autors
im Kinderbuchverlag schließen einander aus.« (Die
Auflage dieser DDR-Ausgabe ist wahrscheinlich ver-
nichtet worden, denn später wurde bestritten, daß das
Buch gedruckt worden sei. Eine mir unbekannte Person hatte jedoch ein Exemplar nach Greiz gebracht,
wo es meine Frau in einer Tüte mit einem für sie zu-
rückgelegten Brot fand.)

Ich wurde aus dem Schriftstellerverband der DDR
ausgeschlossen, und die Abteilungsleiterin für Kultur
beim Zentralkomitee der Sozialistischen Einheitspar-
tei Deutschlands nannte mich in einer Rede vor Kul-
turredakteuren einen »Staatsfeind«. Daraus und aus
dem, was folgte, zogen wir die Konsequenz, die zu
ziehen deutsche Autoren das Privileg haben: die Hei-

mat zu verlassen und dennoch im eigenen Land und in der eigenen Sprache zu bleiben. Der theoretischen Ausbürgerung – der Schriftsteller und Parteifunktionär Erik Neutsch hatte bereits 1975 an der Universität Greifswald erklärt, Biermann, Heym und Kunze gehörten nicht zur DDR-Literatur – folgte die praktische. Am 14. April 1977 siedelten wir in die Bundesrepublik Deutschland über. Illusionen hatten wir ebensowenig, wie wir wußten, was es heißt, ein freier Mensch zu sein. Geboren 1933, hatte ich bis zu diesem Tag ausschließlich in Diktaturen gelebt.

## VII

Aus der Bundesrepublik Deutschland war uns über viele Jahre Solidarität zuteil geworden, und ohne die Gewißheit, daß es eine Öffentlichkeit gab, die Einspruch erhob, hätte uns das Gefühl des Ausgeliefertseins vielleicht zu lähmen begonnen. Aber wir hatten nicht *nur* Solidarität erfahren.

Nach Erscheinen des Gedichtbandes »sensible wege« bei Rowohlt 1969 lud mich ein anderer westdeutscher Verlag zur Messe nach Leipzig ein und bedeutete mir, daß Rowohlt nicht der richtige Verlag für mich sei. Falls ich bereit wäre, den Verlag zu wechseln, erwäge man, mir einen Lebensvertrag anzubieten. Ich wäre mir schäbig vorgekommen, hätte ich dieses Angebot angenommen, denn ich fühlte mich Rowohlt erst dann nicht mehr verpflichtet, als der Verlag den Gedichtband »zimmerlautstärke« abgelehnt hatte.

Ein, zwei Jahre später sprach mich an einer Leipziger Straßenbahnhaltestelle ein Lektor des Verlages an, der mir jenes Angebot gemacht hatte, und ich erzählte ihm, ich hätte ein neues Buch beendet. – Ja, da habe sich nun leider vieles geändert, sagte er. Nach den kritischen Äußerungen von Max Walter Schulz auf dem Schriftstellerkongreß käme ich für sie als Autor nicht mehr in Frage, denn sie könnten es sich nicht leisten, ihre Zusammenarbeit mit den DDR-Verlagen zu gefährden. Zum Beispiel arbeiteten sie an einem enzyklopädischen Gemeinschaftsprojekt von vielen Bänden, und ein Großteil ihrer Bücher werde in der DDR gedruckt – und zwar billiger als irgendwo sonst in der Welt...

Jeder Vertrag mit einem Verlag in der Bundesrepublik mußte vor Unterzeichnung vom Büro für Urheberrechte der DDR genehmigt werden, und der Verlag hatte dann das Honorar an die Staatsbank der DDR abzuführen, die dem Autor für eine Deutsche Mark den Gegenwert von 98 Pfennige Mark der DDR auszahlte. Wurde der Vertrag nicht genehmigt, und man unterzeichnete ihn dennoch, zog das in der Regel ein Ordnungsstrafverfahren mit der jeweiligen Höchststrafe nach sich, die damals eine Geldstrafe war. Das Honorar mußte aber auch dann an die Staatsbank der DDR überwiesen werden – auf Devisenvergehen stand Haft.

Als im Frühjahr 1970 der S. Fischer Verlag das Buch »Der Löwe Leopold« vorbereitete, teilte ich zur Leipziger Messe dem damaligen verantwortlichen Lektor mit, daß die Strafe für die Unterzeichnung des Vertrages ordnungsgemäß bezahlt sei. Der Lektor war erstaunt: eine Strafe? Dann werde er das Buch auch nicht herausbringen. Er wolle zur nächsten Messe an den DDR-Ständen nicht auf »herabgeklappte Visiere« stoßen, und er denke nicht daran, seine guten Beziehungen zu Batt, dem Leiter des Hinstorff Verlages, aufs Spiel zu setzen . . .

Bei einer Aussprache in Berlin bemerkte ein Mitglied des Ministerrates der DDR mehr wohlmeinend-warnend als zynisch, ich sähe die Welt zu vereinfacht. Wenn ich meine Manuskripte auch noch so unbemerkt in den Westen bringen ließe, sobald sie dort angelangt seien, habe man auch in der DDR ein Exemplar auf dem Tisch. Ich habe den Wahrheitsgehalt dieser Behauptung nicht nachprüfen können, aber als mich bei einer der letzten Messen, die ich als DDR-Bürger besuchte, ein damaliger Mitarbeiter meines westdeutschen Verlages unbedingt zu einem Devisenvergehen überreden wollte – er nutzte jede Gelegenheit –, wurden wir, meine Frau und ich, nachdenklich.

## VIII

In den ersten Jahren nach unserer Übersiedlung habe ich einmal gesagt, manche Leute in der Bundesrepublik wüßten nicht, was sie haben, und einige können mir das bis heute nicht verzeihen. Leider sehe ich keine Veranlassung, meine Meinung zu revidieren. Manche wissen in der Tat nicht, was sie an Einschränkung ihrer persönlichen Freiheit *nicht* haben, welcher ideologischen Indoktrination sie *nicht* ausgesetzt sind, was ihnen an Einklagbarkeit ihrer Rechte *nicht* vorenthalten wird oder was sie an Möglichkeiten, ein geistig angeregtes Leben zu führen, *nicht* entbehren. Sie wissen nicht, wie sie *nicht* entmündigt werden, wie sie letztlich *nicht* gezwungen sind mitzulügen, und was ihnen bisher an Angst erspart geblieben ist. Sie wissen es zu ihrem Glück und Unglück so sehr nicht, daß sie außerstande sind, sich in jemanden hineinzuversetzen, der aus anderen Erfahrungen heraus lebt. Das Fehlen dieser Relationen aber ist eine der Ursachen für die zuweilen gnadenlose Ideologisierung des geistigen Lebens in der Bundesrepublik.

Maria Rasumowsky zitiert in ihrem Buch über Marina Zwetajewa Majakowski, der auf dem zweiten erweiterten Plenum der Leitung des russischen Schriftstellerverbandes am 26. September 1929 sagte: »Da behauptet jemand, die Dichterin Zwetajewa schreibt gute Gedichte, aber sie gehen daneben . . . Das ist eine von denen, die ›ihren Weg‹ gehen, die dafür Propaganda gemacht hat, daß die Gedichte Gumiljows wieder erscheinen, die ›an sich gut‹ sind! Ich bin der Meinung, daß etwas, das gegen die Sowjetunion, gegen uns gerichtet ist, keine Daseinsberechtigung hat, und es unsere Aufgabe ist, es so schlecht wie möglich darzustellen . . . !« Wer diesem Denken ausgesetzt war – ausgesetzt in dem Bewußtsein, ihm nie entkommen zu können –, erschrickt in der Bundesrepublik zuweilen (wie er wohl in jedem anderen westlichen Land früher oder später erschrecken würde – ich frage mich nur, ob so oft und mit solch einem Frösteln der Seele).

## PFARRHAUS
(für pfarrer W.)

Wer da bedrängt ist findet
mauern, ein
dach und

muß nicht beten

Dieses Gedicht stellte die Pastorin Annemarie Grosch
an den Anfang der Morgenandacht, die sie während
der Synode der Evangelischen Kirche in Deutschland
im Herbst 1978 in Bethel hielt. Zwei Synodale, ein
Professor der Theologie und ein Dekan, verließen
daraufhin unter Protest den Saal, und Christa Meves
veröffentlichte am 19. 1. 1979 im »Rheinischen Mer-
kur« einen sechsspaltigen Artikel, in dem sie von der
»Ungeheuerlichkeit des Affronts« spricht, sich bei einer Andacht auf dieses Gedicht zu beziehen. Sie un-
terstellt der Pastorin, sie habe ein »Experiment« machen wollen, das lautet: »Läßt sich das höchste Gremium der Evangelischen Kirche in Deutschland die
Aufforderung zum Nicht-beten-müssen bieten?« Und
da es von den hundertzwanzig Delegierten nur zwei
waren, die die Andacht verlassen hatten, und einer
von ihnen im Nachhinein dafür ausgescharrt worden
ist, kommt Christa Meves zu dem Schluß: »Entschie-
dene Mehrheit also im höchsten Gremium der kir-
chentreuen Abgeordneten: Man muß nicht beten!«
Weiter heißt es in diesem Artikel: »Totalidentifikation mit fremdem Geist – auch die Terroristinnen sind

114

dafür ein Beispiel in ihrer Identifikation mit dem Geist der Gewalt – zerstört die Seele, statt sie zu befreien. Kulturen gingen zugrunde, wenn sie ihr Proprium zugunsten der geistigen Kraft von Nachbarn und Einwanderern aufgaben. Wenn Baalvergötzung an die Stelle des Glaubens gesetzt wurde, ging die Gruppe, die sich dem auslieferte, verloren – so die Bibel ... Die Haltung der Totalidentifikation einzelner Gruppen wird wohl immer als geistige Schwäche von jenen brutal ausgenutzt werden, die auf ihrem Programm nur scheinbar der Verbrüderung aller Menschen den höchsten Rang zumessen, in Wirklichkeit aber die eigene, totale, imperialistische Macht meinen.«

Während einer Signierstunde in Koblenz fragte mich ein Mädchen, warum ich eigentlich in den Westen gekommen sei.
Ich sagte, weil ich sonst höchstwahrscheinlich einige Jahre ins Gefängnis gegangen wäre.
»Na und«, sagte sie, »ist das so schlimm?«

Zu unserem Hausgrund gehört ein kleines Stück Hang, das wir aufgeforstet haben. Eines Tages beobachteten wir, daß an verschiedenen Stellen der Unterwuchs und an tiefer hängenden Ästen das Laub abstarben. Sie waren mit Pflanzengift begossen worden. Im Briefkasten lag aufgeschlagen die Wochenzeitung »Die Zeit«. Die Überschrift lautete »Keine Krise«, und der Artikel nahm Bezug auf meinen Austritt aus dem Verband deutscher Schriftsteller (VS). – Ein andermal begann im Sommer das Laub einzelner Bäume zu welken, und ich beschloß, einen von ihnen auszugraben. Man hatte die Bäume abgeschnitten und sorgfältig getarnt wieder in den Boden gerammt. Im Briefkasten lag ein Millionenmagazin mit einer politischen Invektive.

Nach Erscheinen des Gedichtbandes »eines jeden einziges leben« erhielt ich einen Zeitungsausschnitt mit der Annonce des S. Fischer Verlages zugeschickt, auf dem die gemäßigte Kleinschreibung des zitierten Textes rot markiert ist. Fußnote: »Es ist eine Kulturschande!!! ... Im gesamten deutschen Sprachraum gilt nur die Dudenschrift! ... Lediglich unsere linken, schrägen Vögel ... verwenden die terroristenschrift.« – Eine andere briefliche Äußerung zu diesem Gedichtband besteht aus der herausgetrennten Seite mit dem Gedicht »Meditation über einen torso« und einem maschinenschriftlichen Postskriptum.

MEDITATION ÜBER EINEN TORSO

> ... eine (spätantike) marmorne Venusstatue ..., die durch jahrhundertelange obligate Steinwürfe der St. Matthiaspilger, die damit dem Heidentum abschwören sollten, bis zur Unkenntlichkeit verstümmelt wurde.
>
> (katalog)

Die finsternis in der faust
ist ein stück der finsternis in uns

116

Wer die faust erhebt, erhebt
das dunkel zum zeichen

Und in dem augenblick, da wir steinigen,
ist in uns die finsternis
dicht wie im stein

Darunter steht in Maschinenschrift: »Sie haben sich
um die Bourgeoisie verdient gemacht! Die Faust der
Revolution wird Sie erreichen!...« So formulieren
Intellektuelle.
Schriftsteller sein heißt auch, das eigene Leben als
eine Konsequenz des Ästhetischen anzunehmen.

Vorbereitung auf den Engel
Hommagen

Heinz Theuerjahr · Laufender Affe · Bronze · 36 cm hoch

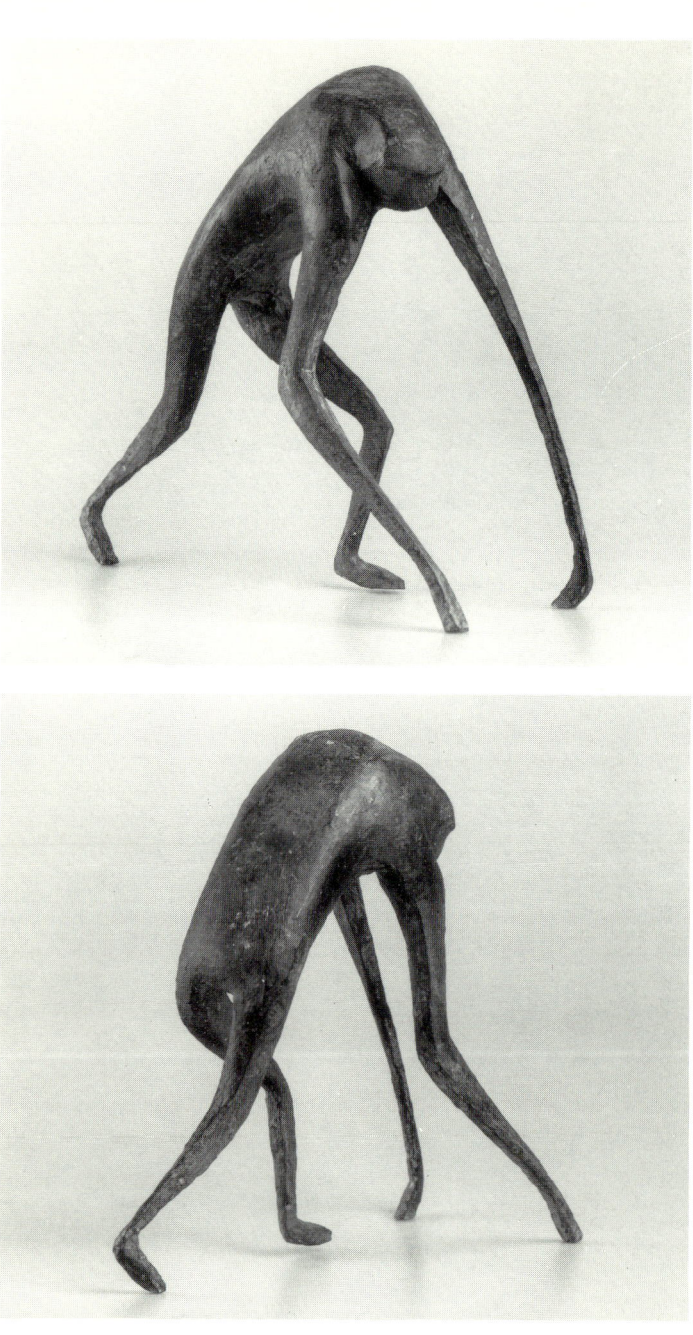

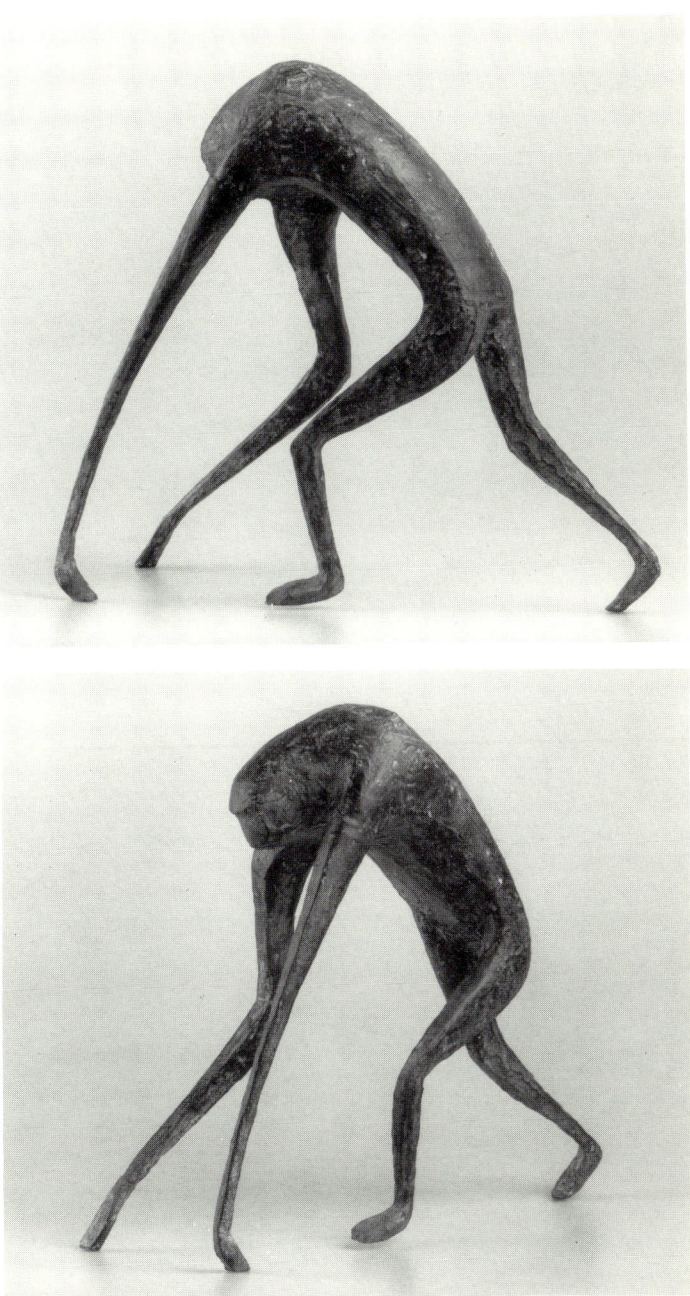

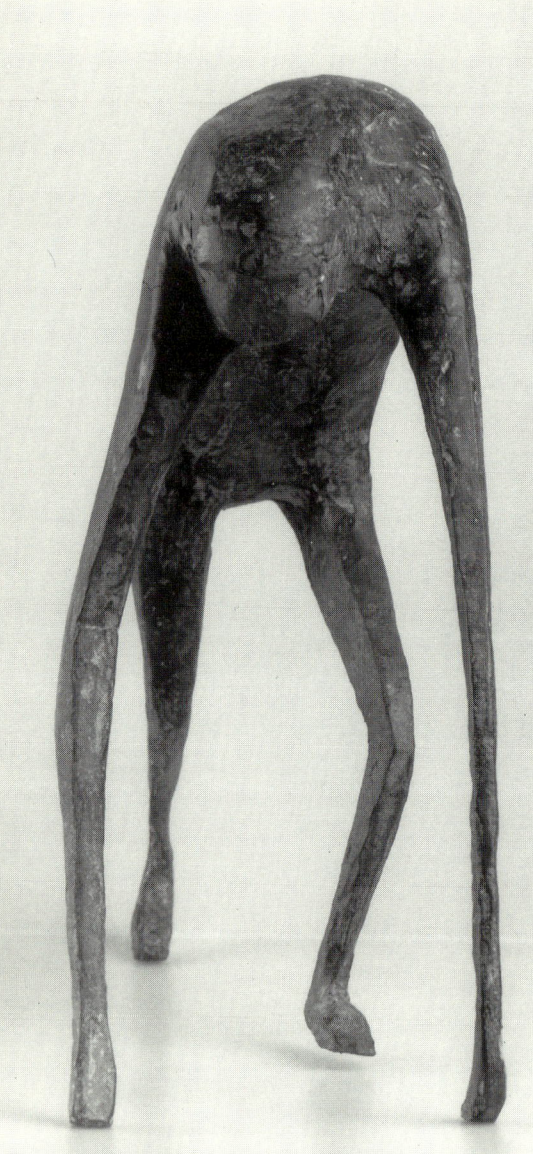

Karel Franta · Kinderbuchillustrationen

126

127

Jan Balet · Wintereisenbahnerhochzeit

128

# Die Positur des Paradoxen
## Jan Balet: »Wintereisenbahnerhochzeit«

Ein Brautpaar (sie in Weiß, er im Hochzeitsanzug, Hut und Handschuh in der Rechten), ein Junge, der den Brautschleier trägt, ein Mädchen, das vielleicht Blumen gestreut hat vor der Kirche, und die Gäste, Männer mit Myrtensträußchen an den Revers, stehen vor einer Lokomotive. Sie haben sich in Positur gestellt, wie man sich für ein traditionelles Hochzeitsfoto in Positur stellt: das Brautpaar in der Mitte, zu beiden Seiten die Kinder, dahinter, die Gesichter auf Lücke, die Gäste. Alle blicken, als habe der Fotograf soeben gesagt: »Bitte, recht freundlich!« Die Lokomotive ist mit kleinen Trikoloren geschmückt. – Ringsum nichts als Gleise im Schnee, die bis über den Horizont führen. Die Lokomotive aber steht quer zu den Gleisen, genau im Winkel von neunzig Grad, wie hingetragen und zurechtgerückt. Und obwohl sie nirgendwo hinfahren kann, steht sie unter Dampf.
Balet verknüpft Wirklichkeitsbereiche miteinander, die einander auszuschließen scheinen oder zwischen denen zumindest große Entfernungen liegen: die Welt

des Festes mit Blumenstrauß, Brautkleid und Sonntagsanzug, und die Welt der Arbeit – eine Maschine, die unter Dampf steht und ohne Schmierfett, Öl und Kohlenfeuer nicht funktionieren würde. Die Dinge dagegen, die in Wirklichkeit und also auch in unserer Vorstellung eng beieinanderliegen, verknüpft der Maler scheinbar widersinnig miteinander: Die Lokomotive steht quer zu den Gleisen, steht aber unter Dampf, und obwohl die übrige Welt eine Welt nur aus Schnee und Gleisen zu sein scheint, ist die Lokomotive zu Ehren des Tages mit Fähnchen der Republik Frankreich geschmückt. Doch schon die Tatsache, daß der Maler die Gestalten wie ein Fotograf anordnet und es der Pinsel ist, auf den er sie blicken läßt, als würden sie fotografiert, ist paradox.

Steht denn aber für einen Eisenbahner am Tag seiner Hochzeit die Lokomotive nicht quer zu den Gleisen (was könnte für ihn außergewöhnlicher sein!)? Ist es nicht die Lokomotive, mit der sich die Frau in das Leben des Mannes wird teilen müssen? (»Warum hast du sie/nur geliebt, dieses ding,/diese liebste aus eisen,/die dich herzlos umfing?« – Jiři Wolker, »Ballade von den Augen des Heizers«.) Ist das Feuer unter dem Lokkessel nicht das Brautgeschenk, das, was der Mann an materieller Sicherheit in die Ehe einbringt? Gäbe es aber ohne Staat, ohne die Republik Frankreich, eine französische Staatseisenbahn, also Arbeit und Brot für den Eisenbahner? Und wäre ohne Arbeit, Freundschaft und Liebe die Erde nicht eine endlose Einöde – eine Einöde von Gleisen im Schnee? Schließlich: Würde es ohne die Positur des Fotografiertwerdens

130

augenfällig werden, wie sehr man diesen Tag im Leben herausgehoben zu sehen wünscht, wie sehr er für die Erinnerung bestimmt ist?

»Alles Lyrische muß im Ganzen sehr vernünftig, im Einzelnen ein bißchen unvernünftig sein«, sagt Goethe. Und Hölderlin schreibt in einem Brief, der Dichter müsse »oft etwas Unwahres und Widersprechendes sagen, das sich aber natürlich im Ganzen, worin es als etwas *Vergängliches* gesagt ist, in *Wahrheit* und Harmonie auflösen muß«.

# Das Geheimmis Karel Frantas

Hinter das Geheimnis, wie Karel Franta seine Bilder malt, kommt man am besten durch ein Märchen. Aber es muß ein tschechisches Märchen sein.

Helena Philippová
Ein Engel war's

Er stand in einer Mauernische der Glasperlenstraße.
»Er sieht aus wie ein Engel«, sagten die Leute, wenn sie vorübergingen. Doch was heißt hier, er sieht aus wie – er war ein Engel! Ein Künstler hatte ihn irgendwann aus Holz geschnitzt, und der Engel sah fast wie lebendig aus.
Eines Tages spürte der Engel, der fast wie lebendig aussah, den Duft warmer Würstchen, und als er sah, wie die Leute die Würstchen kauften, dachte er: Ein Mensch müßte man sein, das wäre schön! – Er stellte sich vor, wie er dann sagen würde: »Ein

Paar Würstchen, bitte, aber schön heiß und mit viel Senf!«

Doch Würstchen muß man bezahlen, und Engel haben kein Geld.

Da kam dem Engel die Idee, sich etwas Geld zu verdienen, und er begann, sich nach Arbeit umzusehen. Nur – seht euch mal nach Arbeit um und habt Flügel!

»Versuchen Sie es auf dem Flughafen«, riet man ihm. Er versuchte es.

»Ich würde bei Ihnen gern als Verkehrsmaschine anfangen«, schrieb er in seinem Gesuch. »Flügel habe ich. Foto liegt bei.«

»Die Flügel stehen Ihnen gut«, schrieb man ihm zurück, »aber Flügel allein reichen nicht aus. Sie müßten noch viele andere Bestandteile haben, zum Beispiel eine Tür.«

Ein Auto kann eine Tür haben oder ein Kühlschrank, aber ein Engel – nie. Also wurde nichts aus der Verkehrsmaschine.

Eine Weile ließ er den Kopf hängen, und dann versuchte er es bei der Post. Aber auch hier war man von den Flügeln nicht begeistert.

»Mitarbeiter, die ihr Transportmittel auf dem Rücken haben, sind bei uns nicht üblich«, antwortete man ihm. »Außerdem könnte es sein, daß Sie wegen Ihrer Flügel mehr Geld verlangen, als ein Mitarbeiter ohne Flügel verdient, und dadurch würden uns nur Unannehmlichkeiten entstehen. Wir haben für Sie keine Stelle, tut uns leid.«

Als der Engel den Brief gelesen hatte, war er eine

Zeitlang traurig, aber dann machte er sich Mut und ging selbst auf das Postamt.

»Lassen Sie mich hier«, bat er. »Seien Sie nicht so! Geben Sie mir einfach eine Arbeit, die niemand tun will. Was, wenn Sie mich als Brieftaube anstellen?«

»Sie würden nicht in den Taubenschlag passen. Und nun stören Sie nicht bei der Arbeit!«

Der Engel hockte sich im Postamt auf den Boden.

»Sie kriegen mich nicht weg von hier!« rief er. »Und überhaupt, ich will gar nicht heilig sein, ich will warme Würstchen essen und so.«

Warme Würstchen will er, der arme Kerl, dachte Herr Muckl, der seit Jahr und Tag auf der Post Dienst tat, und sagte sich: Er will sich sein Brot verdienen, und das ist jedermanns gutes Recht!

Herr Muckl stieg eine Treppe höher zum Direktor des Postamtes, bei dem er stets anklopfen durfte, denn über die vielen Jahre hatte er sich einiges Vertrauen erworben, und auf seine Fürsprache hin wurde der Engel für drei Monate probeweise bei der Post angestellt.

Ob sie ihn dann behalten haben?

Ich denke schon. Mir bringt nämlich jetzt ein Briefträger die Post, von dem jeder sagt, er sei ein wahrer Engel. Er ist zuvorkommend und macht nie ein finsteres Gesicht. Im Gegenteil, auch wenn seine Tasche noch so voll ist – er lächelt. Und unlängst habe ich mit eigenen Augen gesehen, wie er sich an der Ecke ein Paar Würstchen gekauft hat. Wißt ihr,

was er zu dem Würstchenverkäufer sagte? »Aber schön heiß und mit viel Senf!«
Also ist die Sache klar.

Unsere Phantasie ist der einzige Himmel, in dem ein Engel auf der Erde leben kann, und das bedeutet, er kann nur ein Leben leben, das unsere Phantasie sich vorzustellen vermag – also das Leben eines Menschen; allerdings eines Menschen mit Flügeln. Doch genau hier beginnen die Komplikationen. Dasjenige, was einen Menschen zum Engel macht, ist das, was im Zusammenleben mit den Menschen stört. Wir sind auf Engel nicht vorbereitet.
Ein Engel mit Appetit auf heiße Würstchen, ein Engel, der ein Verkehrsflugzeug sein will, ein Engel, der eine Tür haben soll, ein Engel, der Tarifprobleme verursacht, ein Engel, der nicht in den Taubenschlag paßt – und plötzlich wird aus Widersinn Sinn, und eine Heiterkeit teilt sich uns mit, die ohne Schadenfreude ist (im Unterschied zu der Heiterkeit, die die Bilder Wilhelm Buschs hervorrufen). Die Heiterkeit Karel Frantas läßt dem Wenigen, das vom Engel in uns ist, eine Chance.
Hier aber sind wir dem Geheimnis des Malers Franta schon ganz nahe. Er malt eine Malerpalette, auf die selbst etwas gemalt zu sein scheint: ein Vogel, zwei Rosen und eine Violine mit Bogen. Oder er malt eine Weide, aus deren Stamm Blockflöten wachsen, und einen kleinen Jungen, der nicht nach Noten, sondern nach Vögeln Geige spielt.
Natürlich muß man, damit aus Widersinn Sinn wird

und wir der Heiterkeit, die ohne Schadenfreude ist, teilhaftig werden, einen Farbklecks für eine Nachtigall oder Telegrafendrähte für Notenlinien halten können und sich schon einmal aus einem Weidenast eine Flöte geschnitten haben. »Glaubt ihr denn, die Springfrösche säubern die Brunnen für jeden? Ein Kinderherz haben, das ist es, ein Kinderherz!« sagt der tschechische Dichter František Halas.

Karel Franta malt seine Bilder, wie Helena Philippová ein Märchen schreibt.

Und er malt, glaube ich, nicht mit dem Pinsel, sondern mit einer Flaumfeder – mit einer von einem Engel.

## »Laufender Affe«, Bronze
## Späte Entdeckung des Tierbildhauers
## Heinz Theuerjahr

Wenn man jemandem ein Detail von Heinz Theuerjahrs Skulptur »Laufender Affe« (1962) vorlegte, ein
Detail mit einer typischen Krümmung, und man
fragte, was für ein Tier diese Plastik darstellt, bekäme
man mit ziemlicher Sicherheit zur Antwort: einen Affen.

An diesem Affen ist *alles* Affe. An ihm ist alles Bewegung eines Affen, und alles an ihm erzählt vom Wesen
des Affen – vom Wesen der Kreatur, die sich erhebt
bis an die Grenze des Sich-seiner-selbst-Bewußtwer-
dens, aber auf Ewigkeit dazu verdammt ist – und dieses »auf Ewigkeit« kommt in der Skulptur zum Ausdruck –, unterhalb dieser Grenze zu vegetieren. Oder
der die Gnade zuteil geworden ist, sich ihrer selbst
nicht bewußt werden zu müssen.

Diesen Eindruck gewinnt man aus jedem Blickwinkel, und man gewinnt ihn aus jedem Blickwinkel auf
neue Art. Theuerjahrs »Laufender Affe« löst das Ver-
sprechen ein, daß Kunst und Langeweile nichts miteinander zu tun haben, und durch die Lust, die das

Betrachten der Figur bereitet, holt sie uns mehr und mehr in sich hinein und erinnert uns an die Gnade oder an das Los, die uns selbst zuteil geworden sind. Auch der Tierbildhauer modelliert stets am Bild des Menschen – wie es überhaupt in der Kunst kein Geschöpf gibt, in dem sich nicht der Mensch aussprüche: es ist von *ihm* gesehen, von ihm gefühlt; es ist Natur, die sich an seiner Seele gerieben hat.

Dabei unterwirft der Künstler, der sich wie Theuerjahr einer bestimmten Art von Motiven verschreibt, sein Können einer außerordentlichen Prüfung: Er muß in der Nuance *alles* leisten.

So wenig, wie Heinz Theuerjahr selbst es weiß, werden wir sagen können, *warum* an diesem Affen alles vom Wesen des Affen erzählt. Manchmal ist es ein einziger Ton, der eine Folge von Tönen Musik werden läßt – durch die Beziehung, in der er zu ihnen steht. Vielleicht macht es die Biegung des Nackens, vielleicht die Stellung eines Ellenbogens, daß an dieser Figur alles Ausdruck hat.

»Die Einfachheit«, sagt der Bildhauer Hans Wimmer, »steht am Ende, nicht am Anfang, sie ist Resultat, nicht Programm.« Vierzehnmal war Theuerjahr in Afrika, um Tiere zu zeichnen, und er hat sich nie bemüht *wegzulassen,* sondern immer nur daran gearbeitet, *mehr nicht zu brauchen.*

Sein »Laufender Affe« vermag jedoch nur deshalb vom Wesen des Affen zu erzählen, weil sein Schöpfer demütig ist: Er bewundert die Schöpfung und hat niemals versucht, auf sich selbst aufmerksam zu machen, indem er mehr weggelassen hätte, als er braucht.

138

Heinz Theuerjahr, 1987 fünfundsiebzig Jahre alt geworden, lebt seit fünfzig Jahren im Bayerischen Wald, am Fuß des Lusens, und hat sein Genie nur vor seinen Geschöpfen nicht verborgen.

# Erinnerung

Leipzig, Frühjahrsmesse 1970. »Hat Ihnen die Kaschnitz geschrieben?« sagt der Kollege aus Westfalen.

»Die Kaschnitz? Mir?«

»Sie wollte Ihnen schreiben.«

»Die Kaschnitz?«

»Sie war auf dem Weg nach Rom, als sie davon sprach.«

Erinnerungen an eine Begegnung mit Marie Luise Kaschnitz habe ich nicht.

Doch erinnere ich mich dankbar und mit leichter Beschleunigung des Herzens an diese ihre Absicht.

# Keine Störung für Heinrich Böll

Mir ist, als hätte ich Heinrich Böll nur von fern gesehen.

Das erste Mal bin ich ihm Anfang der siebziger Jahre
im Haus von Inge und Stefan Heym in Berlin-Grünau
begegnet. Viele Kolleginnen und Kollegen mit Gatten
und Gattinnen waren zugegen, und sie verdeckten mir
Heinrich Böll ebenso mit Worten wie körperlich. Ich
hatte nichts mit ihm zu besprechen, und hätte ich etwas mit ihm zu besprechen gehabt, wäre es mir wahrscheinlich als nicht erwähnenswert erschienen. So
stand ich in einer Ecke und freute mich, auf Veranlassung von Heinrich Böll hier sein zu dürfen. In einer
anderen Ecke stand eine Frau, und die Vermutung lag
nahe, daß auch sie auf Veranlassung von Heinrich
Böll hier hergebeten worden war und nichts mit ihm
zu besprechen hatte. Da ich mich kenne, was das Zu-
gehen auf Fremde betrifft, muß das erste Wort von ihr
gekommen sein. Sie war Frau Böll. Wir kamen ins Gespräch – das heißt, sie hatte die Güte und Geduld, mir
von Irland zu erzählen.

Das zweite Mal begegnete ich Heinrich Böll im Herbst 1977 in Darmstadt, und obwohl ich weiß, daß wir einander auch gegenübersaßen, sehe ich ihn in der Erinnerung von unten nach oben und nur von fern: Er hält eine Rede und lenkt das Licht, in dem er steht, auf einen anderen.

Der Eindruck, den ich bei diesen beiden Begegnungen von ihm gewonnen habe, entspricht dem Eindruck, den ich aus seinen Briefen gewann. Er sei von Natur aus schüchtern, öffentlichkeitsfremd, schrieb er, und ich könne vielleicht verstehen, daß er sich manchmal ins Schweigen zurückziehen möchte. Er wolle zwar noch leben, nicht ewig – jedenfalls nicht hier –, aber er fühle sich müde, krank, alt auch und oft verzweifelt. Er suche Ruhe, fände sie aber nie, sondern befände sich immer zwischen Tür und Angel.

Heinrich Böll kann meine Irrtümer und manche meiner öffentlichen Entscheidungen, die ich nicht für einen Irrtum halte, nicht gebilligt haben, aber nie hat er Übereinstimmung angemahnt. Seine Briefe sind praktizierte Toleranz.

Und jeder ist ein Türöffnen von neunzig Grad. Wenn sich Heinrich Böll genötigt sah, die Telefonnummern zu wechseln, teilte er die neuen drahtwendend mit – auch die privateste.

Ich bereue nicht, niemals von ihnen Gebrauch gemacht zu haben, aber die Möglichkeit verloren zu haben, ihn anzurufen und zu besuchen, ist für mich ein Verlust an Bewohnbarkeit der Erde.

Mein Bedürfnis, ihn zu seinem Grab zu begleiten, war

fast übermächtig. Doch im Rundfunk hieß es: im engsten Familienkreis. Hätte ich gewußt, daß so viele Menschen zugegen sein würden und ich niemanden hätte stören können, wäre ich hingefahren. Wie damals nach Berlin-Grünau.

# Unzensiertes über Heinrich Heine

### 1

> Um den Einzeldruck veranstalten zu können, mußte mein Verleger das Gedicht den überwachenden Behörden zu besonderer Sorgfalt überliefern, und neue Varianten und Ausmerzungen sind das Ergebnis dieser höheren Kritik.
>
> Deutschland. Ein Wintermärchen, Vorwort

Eine zensierte Dichtung mit einem unzensierten Vorwort, in dem »sehr unumwunden« auf die Zensur verwiesen wird – und ein Verleger hat es gedruckt!

### 2

> Die deutschen Zensoren--------------------------------
> ------------------------------------------------------------
> ------------------------------------------------------------
> ----------------------Dummköpfe----------------------
> ------------------------------------------------------------
> ------------------------------------------------------------

144

Hier sei Heinrich Heine seiner Maxime, »nicht für ein Land nur, sondern für die Welt« zu schreiben, untreu geworden, meinte mein slawischer Kollege N. N.

3

Und gesegnet sei der Gewürzkrämer, der einst aus meinen Gedichten Tüten drehen wird, um Kaffee oder Tabak für die armen, guten alten Weiber hineinzuschütten . . .

Heine auf Tüten – das Risiko wäre zu groß.
Man stelle sich vor, auf einer Tüte steht der Vers:
Ich fühlte, wie über die Stirne mir
Auch manchmal etwas gestrichen,
Gleich einer kalten Zensorenhand,
Und meine Gedanken wichen –
Und auf einer anderen:
Der König liebt das Stück. Jedoch
Wär' noch der Autor am Leben,
Ich riete ihm nicht, sich in Person
nach Preußen zu begeben.
Die Verwirrung unter den armen, guten alten Weibern könnte unabsehbare Folgen haben.
Eher Heine *in* Tüten, fein abgewogen.
Und der Name hebt das Ansehen des Ladens.

4

Ich war damals der Meinung, die Lächerlichkeit des Donquichottismus bestehe darin, daß der edle Ritter eine längst abgelebte Vergangenheit ins Leben zurückrufen wollte und seine armen Glieder, namentlich sein Rücken, mit den Tatsachen der Gegenwart in schmerzliche Reibungen gerieten. Ach, ich habe seitdem erfahren, daß es eine ebenso undankbare Tollheit ist, wenn man die Zukunft allzu frühzeitig in die Gegenwart einführen will und bei solchem Ankampf gegen die schweren Interessen des Tages nur einen sehr mageren Klepper, eine sehr morsche Rüstung und einen ebenso gebrechlichen Körper besitzt!

Die Zukunft allzu frühzeitig in die Gegenwart einführen oder sich nicht mitschuldig machen zu wollen, daß sie allzu spät eingeführt wird, und die Vergangenheit beim Namen zu nennen, selbst wenn sie sich für die Zukunft ausgibt – das ist die Tollheit der Dichter.
Gewiß, nicht nur der Dichter. Und nicht aller.
Dem Rest winkt in der Hand des Zensors ein Blatt vom Lorbeerkranz Heinrich Heines.

## »Bénédiction de Dieu dans la solitude«
## oder
## unser aller Erbsünde

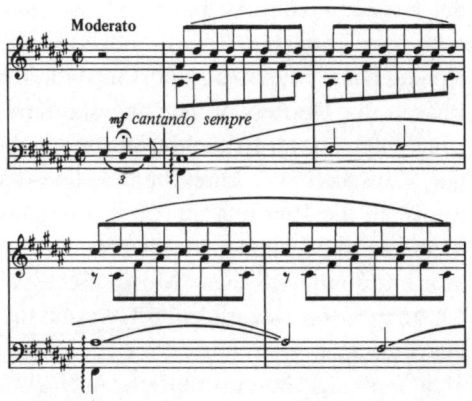

*Franz Liszt,* Bénédiction de Dieu dans la solitude (Lobpreis Gottes in der Einsamkeit)

Eines Tages hörte ich im Rundfunk Klaviermusik, und ich glaubte, zwanzigstes Jahrhundert zu hören; aber es war Franz Liszt. Ein andermal hörte ich Klaviermusik von Bachscher Kontemplation und einer Kantilenen-Glückseligkeit, die fast betäubend war, und es war Franz Liszt:»Bénédiction de Dieu dans la solitude«, gespielt von Alfred Brendel. Ich begann zu ahnen, daß ich etwas versäumt hatte, und als ich wenig später auf die letzte von drei Rundfunksendungen Ekkehard Krohers stieß, die »Der unbekannte Liszt« überschrieben waren, wurde mir das Ausmaß dieses Versäumnisses bewußt. Ich hörte, von Kroher kommentiert, erstmals die späten Klavierstücke »Csárdás macabre«,»Mosonyis Grabgeleit«,»Die Trauergondel Nr. 2«,»Trübe Wolken«,»Unstern...«,»Bagatelle ohne Tonart«,»Csárdás obstiné« und »Resignazione«. Diese Musik führt dorthin, wohin man nicht in Phasen der Depression gelangt, sondern in den Augenblicken letzter Ernüchterung angesichts der Welt, der Menschen, *des* Menschen... Diese Musik stößt nur noch die Einsamkeit vor sich her und grenzt in manchen Intervallen an das Nichts.

Warum kannte ich diese Musik nicht? Warum hatte ich sie in Konzerten nie gehört, warum nicht während des Studiums? Oder hatte ich nicht hingehört?

»Ich weiß, ich kompromittiere mich, indem ich ein Wort für Liszt einlege«, schreibt Alfred Brendel.»In Mitteleuropa, Holland und Skandinavien zeigt man sich verstimmt, wenn man seinen Namen auf einem Konzertprogramm liest«. In diesen Ländern kehrten sich alle Vorurteile, die man gegenüber Liszts Musik hegt, gegen den Interpreten, und in der übrigen Welt, in der die Strahlkraft der Lisztschen Klaviermusik nicht nachgelassen habe, sei, so Brendel »eine Schwäche für einen gewissen Typ des Virtuosen« zu bemerken, »der, klassischer Gestaltung im Grunde fern, dort brilliert, wo prosaisch gesprochen, möglichst viele Noten in möglichst kurzer Zeit bewältigt werden müssen«. Und an anderer Stelle bemerkt Brendel: »Liszt: oder die Schule der Geläufigkeit – nach Weibern‹ – dieses gehässige Wort Nietzsches ist nützlich, weil es populäre Vorurteile in einem einzigen Satz zusammendrängt. Wie so oft bei Schmähworten wird das Wesentliche gar nicht erst berührt, Nebensächliches als die Hauptsache ausgegeben.« Brendel übersieht dabei nicht das Problematische am späten Liszt und schreibt: »Nach Liszts eigenen Worten verhält sich seine späte Musik zur früheren wie ›l'amertume de cœur‹ zu ›l'exuberance de cœur‹ (wie die Bitternis des Herzens zum Überschwang des Herzens)... Das Klangbild wird kahl und schrumpft auf das Unentbehrlichste zusammen. Manchmal bleibt nur das Skelett, um nicht zu sagen Gespenst, eines Stückes übrig. Die Tonalität wird ausgehöhlt oder aufgegeben... Ostinatofiguren steigern die Pein der Monotonie. Das Verständnis für diese Todesseufzer und Totentänze ist erst in unserer Zeit erwacht, die sich daran gewöhnt hat, Macabres mit offenen Augen zu sehen.«

Über das Interesse, das man Liszt an den Universitäten entgegenzubringen pflegt, berichtete Karl Schumann 1986 in seiner Bayreuther Gedenkrede: »Liszt verlangte, was es erst Jahrzehnte später in Ansätzen gab: Lehrstühle für Musikgeschichte. Und zwar in Verbindung mit Philosophie. Die Musikgeschichte, deren Anwalt Liszt war, dankte es entsprechend: Sie ignorierte Liszt, bis fast auf den heutigen Tag.«

\*

Beim ersten bewußten Hören von »Bénédiction de Dieu dans la solitude« fühlte ich mich an Bachs Orgelchoral »Allein Gott in der Höh' sei Ehr'« erinnert.[1] Dieser Orgelchoral – Nr. 12 der »Achtzehn Choräle von verschiedener Art« – ist ein Äußerstes an Musik gewordener, in Geborgenheit gewendeter Vereinsamung. Der Cantus firmus löst sich von allem – das Konfessionelle ist abgefallen, und der Friede, der einkehrt, erlöst vorbehaltlos.

Und ich fühlte mich an Chopin erinnert – an Stellen seiner Musik, auf die die Skácel-Verse bezogen sein könnten:

Plötzlich haben wir die weiche seele des holunder-
baums,
plötzlich ist in uns zu viel vom menschen–;

an alles, was in den Scherzi tröstet und singt (an die Lied-Adaptation »Schlaf, mein Jesulein, schlaf, mein Küchlein« im Scherzo Nr. 1, an den »Choral« mit seinen niederstäubenden gebrochenen Akkorden im dritten Scherzo oder die große Kantilene im vierten),

1 Da in diesem Fall die Interpretation des Chorals, in der ich mich seiner erinnere, von Bedeutung ist (keiner anderen Platteneinspielung, die ich kenne, liegt eine ähnliche Auffassung des Werkes zugrunde), möchte ich sie nennen: Hans Otto an der Großen Silbermannorgel im Dom zu Freiberg (Sachsen) 1970; OW Gedackt 8', Spitzflöte 4', Schwebung; BW Gedackt 8'; Ped. Subbaß 16', Octavbaß 8'.

150

an den Anfang (aber nicht nur den Anfang) der Polonaise-Fantasie und an das zweite Largo-Thema aus der h-moll-Sonate (mit seinem Mond im Prélude opus 45). Wenn »Bénédiction . . .« aber in einen ähnlichen Zustand versetzt wie der Orgelchoral »Allein Gott in der Höh' sei Ehr'«, der nach Lionel Rogg eine von Bachs »bedeutendsten Schöpfungen überhaupt« ist, und zugleich eine Kaskade himmlischer Stellen bei Chopin assoziieren läßt, kann es nicht nur das Spätwerk sein, das Liszt als einen bedeutenderen Komponisten ausweist, als er es im Bewußtsein vieler Musikhörer ist; die Sammlung »Harmonies poétiques et religieuses«, zu der »Bénédiction de Dieu dans la solitude« gehört, entstand zwischen 1845 und 1852, und da war Liszt Mitte dreißig, Anfang vierzig.

*

Was Komponisten wie Feruccio Busoni, Arnold Schönberg und Béla Bartók an Liszt besonders in Erstaunen versetzte, ist sein Avantgardismus, und dieser zeigt sich zweifellos am extremsten im Spätwerk. Von Busoni ist das Wort überliefert: »Im letzten Grunde stammen wir alle von Liszt ab – Wagner nicht ausgenommen – und verdanken ihm das Geringere, das wir vermögen.« Schönberg sagte zum hundertsten Geburtstag Liszts: »Ein solcher Mensch ist nicht mehr ein Künstler, sondern bald etwas Größeres: ein Prophet.« Und Bartók schrieb: »Ich glaube, daß die Bedeutung Liszts für die Weiterentwicklung der Musik größer ist als die Wagners.«

Doch auch das Bahnbrechende bei Liszt ist nicht *nur* im Spätwerk zu finden.

In der Harmonik des Klavierstücks »Sposalizio« aus den Jahren 1838/39 kündigten sich Claude Debussy und Richard Strauss an, meint Alfred Brendel, und das Stück »Il penseroso« (Der Sinnende) ist seines Erachtens »harmonisch... ein erstaunlicher Vorgriff auf Wagners ›Tristan‹«.

Das Streicherthema zu Beginn der »Faust-Sinfonie« (1854) gilt als das erste Zwölftonthema der Musikliteratur, und für Ekkehard Kroher besteht »kein Zweifel daran, daß sich der Komponist über die harmonischen Konsequenzen... im klaren war«. Norbert Nagler, berichtet Kroher, habe in diesem Zusammenhang an einen Liszt-Brief aus dem Jahr 1860 erinnert, »worin es sinngemäß heißt, das zukünftig ›der Akkord aus zwölf Tönen die Basis der Harmonisierung sein wird, weil jede Akkordvariante von dem Zwölftonakkord abgeleitet werden kann‹«.

Am sinnfälligsten beweist jedoch das um das Jahr 1845, also mehr als ein Jahrzehnt vor Entstehung von Wagners »Tristan und Isolde« komponierte Lied »Ich möchte hingehn« mit »Tristan«-Harmonik und »Tristan«-Akkord, daß nicht erst der späte Liszt Musik-Zukunft vorweggenommen hat (siehe S. 153).

Selbst die Harmonien der »Bénédiction...« gelten als »in erstaunlichem Maße zukunftweisend«, da sie »etwa an Albéniz' ›Almeria‹ und ›Jerez‹ oder... an Messiaens ›Vingt Regards sur l'Enfant Jésus‹« gemahnten (Bryce Morrison).

**Lento non troppo, molto appassionato e marcato**

Ich möch-te hin - gehn

*

Kommt es denn aber, was eine Komposition als Komposition betrifft, überhaupt darauf an, daß sie Musikentwicklung vorwegnimmt? Ist derjenige, der aus einem aufgefangenen Stern ein in sich geschlossenes Universum schafft, dessen »Bedeutung... für die Weiterentwicklung der Musik« nicht so groß ist wie die Bedeutung des Sterns für das Entstehen jenes Universums, ein weniger großer Künstler als der Stern-Schöpfer? Ist die Musik zu »Tristan und Isolde« von geringerem Rang als die des Liedes »Ich möchte hingehn«, nur weil jene nicht diese, diese aber jene inspirierte? »Bénédiction . . .« vermag doch nicht deshalb ein Gefühl des inneren Friedens auszulösen, weil sie an Werke von Albéniz und Messiaen gemahnt, sondern *weil sie ist, wie sie ist,* und hätte Liszt gegen Ende seines Lebens nichts anderes gewollt, als die Musikentwicklung voranzutreiben, würden uns Kompositionen wie »Trübe Wolken« und »Bagatelle ohne Tonart« nicht erschüttern, da sie nicht aus Erschütterung hervorgegangen wären. »Wie Sie wissen«, schreibt Liszt drei Jahre vor seinem Tod in einem Brief, »trage ich eine tiefe Trauer im Herzen; sie muß hie und da in Noten ertönend ausbrechen.«

\*

Auch dem grüblerischen, von Todesgedanken heimgesuchten Liszt begegnen wir nicht erst im Spätwerk, sondern in allen Schaffensphasen – und meist in jenen Stücken, die kompositorisch am weitesten vorausweisen –, zum Beispiel in »Pensées des morts« (Todesgedenken), Erstfassung 1834, oder in »Il Penseroso« (siehe S. 155). Liszt zitiert als Motto Michelangelos Inschrift auf dem Grabmal des Lorenzo de Medici in Florenz: »Ich bin dankbar zu schlafen, und noch dankbarer, aus Stein zu sein. Solange Ungerechtigkeit und Schande herrschen, tut es wohl, weder zu sehen, noch zu fühlen. Weckt mich nicht – sprecht leise!«
Vor allem bezeugen Liszts Lieder, daß er nie nur der nach außen gerichtete Virtuose war – insbesondere die Goethe-Vertonungen, deren erste Fassung in den vierziger Jahren liegt (zweite und dritte Fassung 1859/

154

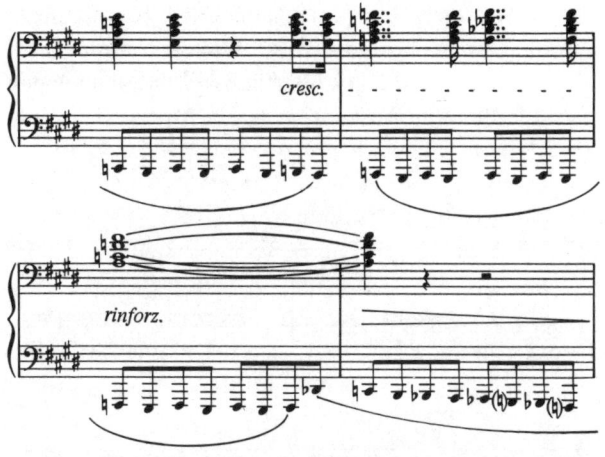

60), und das bereits erwähnte Lied »Ich möchte hingehn« nach einem Text von Georg Herwegh:

Ich möchte hingehn wie das Abendrot . . .

Wohl wirst du hingehn, hingehn ohne Spur,
Doch wird das Elend deine Kraft erst schwächen . . .
Das arme Menschenherz muß stückweis brechen!

Andererseits ist der späte Liszt nicht nur der Liszt der »Mephisto-Walzer« oder des »Csárdás macabre«. Wenn Alfred Brendel mit Blick auf »Bénédiction . . .« fragt: »Gibt es ein zweites Klavierstück von so hypnotischer Süße des Klanges?«, so ist die 1877 entstandene Komposition »Les jeux d'eaux à la Villa d'Este« (Die Wasserspiele der Villa d'Este) zwar nicht das zweite Stück, aber die jüngste Schwester der »Bénédiction . . .«. Auch für »Les jeux d'eaux . . .« gelten die Lamartine-Worte, die Liszt der »Bénédiction . . .« zu

155

den Noten schrieb: »Woher, mein Gott, kommt dieser Friede, der mich überwältigt? Woher kommt dieser Glaube, der mein Herz überfließen läßt?« Über den dahinfließenden Wassern steht ein Motiv, das diese überdauert:

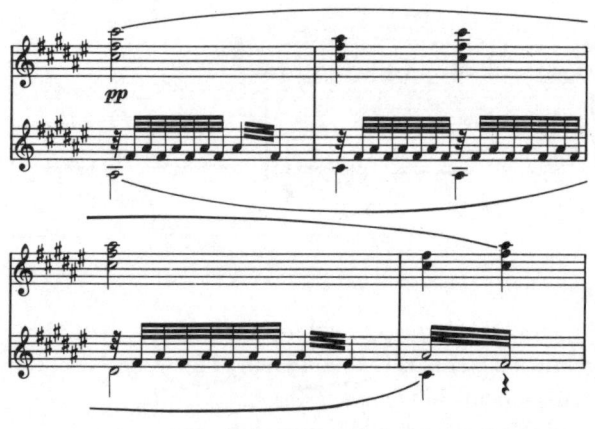

*

Es gibt also nicht nur den späten Liszt, sondern überhaupt einen Liszt zu entdecken, der unseren Blicken verstellt war – teils durch das qualitative Zerklüftetsein des Lisztschen Werkes und die auf Unverständnis, Ignoranz, Niedertracht oder auch nur Unwissen beruhenden Vorurteile, die seit Lebzeiten Liszts tradiert werden, und teils durch unseren Mangel an Talent zu einem vollkommeneren Leben.

»Das Anhören einer großen vollstimmigen und schönen Musik«, sagt Schopenhauer, »ist gleichsam ein Bad des Geistes: es spühlt alles Unreine, alles Kleinliche, alles Schlechte weg, stimmt Jeden hinauf auf die höchste geistige Stufe, die seine Natur zuläßt: und während des Anhörens einer großen Musik fühlt Jeder deutlich, was er im Ganzen werth ist, oder vielmehr was er werth sein könnte.«

Wer diese Melodie aus »Sancta Dorothea« in sich aufgenommen hat:

– und wem die Schlußtakte aus »Resignazione« (siehe S. 158) für einen Augenblick den Atem stocken lassen, der ist ein (um ein Unwägbares) anderer, als er vordem war. Selbst wenn er sich das Motiv aus »Sancta Dorothea« nicht in die Erinnerung zurückzurufen vermag – über seiner Seele liegt ein Glanz, der vorher nicht über ihr lag. Er hat eine Empfindung kennengelernt, die vielleicht kindliche Einfalt oder ein ungebrochenes, gegen alle Anfechtungen gefeites Gottvertrauen hervorzurufen vermögen, und deren

tief im Inneren des Menschen wirkende Fröhlichkeit »unsagbar« ist. Existentielle Verlassenheit, wie sie in der ins Leere laufenden, in einem Halbtonschritt nach oben erstarrenden Tonfolge aus »Resignazione« zum Ausdruck kommt, relativiert alles, was wir je gefühlt haben und noch fühlen werden.

\*

Wann aber gab es für mehr Menschen mehr Möglichkeiten, an einer »großen … Musik« teilzuhaben, als heute? Das erstrangige *Konzert*erlebnis wird immer ein Privileg und stets selten sein – vor allem fern den Metropolen; das erstrangige *Musik*erlebnis ist dagegen kaum mehr ein Privileg (oder nur insofern, als in vielen Menschen nie das Bedürfnis nach einer »großen … Musik« geweckt worden ist oder nicht geweckt zu werden vermag), und selten braucht nicht einmal mehr das Erlebnis solcher Musik zu sein, die im Konzertsaal eine Rarität ist.

Hätte Liszt später gelebt, wäre er wohl einer der ersten gewesen, die sich der modernen Tonträger bedienten, galten doch seine Sinfonie- und Liedtranskriptionen vor allem dem Zweck, unbekannte oder nur mit Orchester aufführbare Werke auf dem »Tonträger« Klavier in die Welt hinauszuspielen – ein Verdienst, das die Nachwelt, deren Häme besonders dem Liszt der Transkriptionen und Paraphrasen gilt, nicht sah oder geringschätzte. Zweifelsohne verlor Liszt zuweilen das Maß (so fügte er in Beethovens »Adelaide« eine überbordende Kadenz ein, die ihm bereits seine Mitwelt, nämlich Chopin, verübelte), und manche seiner Opern-Paraphrasen mag ihm einzig dazu gedient haben, zu brillieren und den Ansprüchen des Salons zu genügen; aber nicht nur, daß er mehr für die Verbreitung der Musik getan hat als jeder seiner komponierenden Zeitgenossen, er hat auch Bearbeitungen von Eigenwert und Eigenreiz geschaffen, zum Beispiel das Klavier-Medaillon »Widmung« nach Robert Schumann oder die Transkription »A la Chapelle Sixtine. Miserere d'Allegri et Ave verum corpus de Mozart«. Offenbar haben wir uns bisher nur selbst um diese Stücke gebracht (wenn man den Angaben der Plattenfirma glauben darf, für die Mélisande Chauveau diese Transkriptionen 1986 einspielte, wurde letztere weltweit zum erstenmal aufgenommen).

»Seit es Menschen gibt, hat der Mensch sich zu wenig gefreut: das allein, meine Brüder, ist unsere Erbsünde!« sagt Nietzsches Zarathustra. Wir werden uns um so weniger freuen, je mehr wir bei unserer Wertschätzung eines Menschen das zugrundelegen, was ihm im Leben mißlang.

# Ergriffen von den Messen Mozarts

Vom Glauben nicht ergriffen, bin ich, wissend, wovon gesungen wird, ergriffen von den Messen Mozarts.

Ich höre die einen sagen: Die Messen ergreifen dich eben deshalb, weil Mozart vom Glauben an Gott ergriffen war. Das hieße aber, in der Kunst komme es vor allem darauf an, daß der Künstler den jeweils rechten Glauben hat. Ich meine, es kommt darauf an, *was* an menschlichen Regungen *wie* Form wird. Der Glaube, die Weltsicht eines Menschen können bewirken, daß er sich seines Menschseins in besonderer Weise bewußt wird. Ausschlaggebend aber ist nicht, woran ein Künstler glaubt oder nicht glauben kann, sondern was sein Glaube oder seine Weltsicht in ihm bewirken, und das hängt unter anderem davon ab, wie empfindsam er ist und wie tief er empfindet – welcher Erfahrungen er also fähig ist, und natürlich davon, welche Erfahrungen ihm von seiner Zeit und den Lebensumständen, in die er geboren wird, tatsächlich vergönnt oder auferlegt werden.

Vorausgesetzt, Mozart wäre ein tief gläubiger Mensch

gewesen, so hätte er deshalb noch nicht das Credo der
c-moll-Messe komponieren können, wenn er nicht
auch jene tiefste Niedergeschlagenheit gekannt hätte,
aus der es noch heute Menschen herauszurufen vermag. Wären in Mozart nicht ungeschrieene Schreie
gewesen, gäbe es nicht das *Oro supplex et acclinis*
seines Requiems – einen der eindringlichsten Schreie,
die bisher über die Kunst auf uns gekommen sind.
Und die Paukenschläge am Schluß des Lacrimosa wären nicht die letzten Schläge, die das Herz eines jeden
Menschen einmal getan hat oder tun wird, wenn Mozart nur tief gläubig und fähig gewesen wäre, ein Cres-
cendo zu komponieren, unfähig aber, in der eigenen
Brust das Unvermeidliche pochen zu hören – und sich
bewußt darein zu fügen.

Andere sagen: Kein Wunder, daß die Messen Mozarts
auch dich ergreifen, denn Mozart hat es mit dem
Glauben nie sehr ernst genommen. Sie verweisen auf
die »freimaurerischen Züge« in Mozarts Musik, die
Messen nicht ausgenommen (man beachte die Ver-
wendung zweier Bassetthörner im Requiem, die nach
Alfred Einstein »eigentliche Logeninstrumente«
sind). Oder sie führen zum Beweis, wie wenig ernst es
Mozart mit dem Glauben gewesen sei, die Kirchenso-
nate C-dur an, die er in seine Missa KV 337 eingefügt
hat – ein Stück für Orgel und Streichinstrumente, das
geeignet ist, im Hörer die Vorstellung hervorzurufen,
ein genialer Straßenmusikant habe sich mit seiner
Drehorgel auf die Kirchenempore verirrt. Zweifelsohne spricht alles, was wir über Mozart wissen, für die
Annahme, daß die Religion ihn nicht mehr interes-

sierte als andere Selbstverständlichkeiten des Lebens auch; womit jedoch gesagt ist: Sie *war* ihm eine Selbstverständlichkeit. Sein Glaube war nur eher kindlich-unbefangen als beschwert mit Gedanken über Gott und Kirche. Jene profan-heitere Sonata all'epistola hat Mozart jedoch nicht deshalb komponieren können, weil ihm der Glaube »nur« eine Selbstverständlichkeit war, sondern deshalb, weil ihm, dem Menschen Mozart, auch diese profane, also – wörtlich übersetzt – *vom Tempel fernliegende* Heiterkeit zu Gebote stand.

Ohne sein musikalisches Genie, ohne seinen Drang, sich in Musik zu äußern, ohne seine Besessenheit von der Musik, ohne die ihm mitgegebene musikalische Tradition, mit der er, wie Einstein sagt, »spielen« konnte, eben weil er sie besaß, ohne seine Fähigkeit, alles Gelernte in Eigenes umzuwandeln – kurz, ohne den Künstler Mozart hätte sich der Mensch Mozart selbstverständlich nie in einem Lacrimosa oder in einer Epistelsonate mitteilen können. »Diese Nichtigkeit«, schreibt Einstein über die buffoneske Sonata all'epistola, »ist ein echter Mozart, unverkennbar, keinem anderen der Zeit zuzuschreiben«.

Natürlich teilt sich uns in Mozarts Musik nicht die historische Person Wolfgang Amadeus Mozart mit, sondern das Mitteilenswerte am Menschen Mozart – und somit auch das Beste, das er von anderen in sich aufgenommen hat, nicht zuletzt als Musiker. In jedem Genie feiert alles Geniale, das vor ihm war, Auferstehung als ein noch nie Dagewesenes. Aus dem Gesamtwerk eines Künstlers tritt uns als Schöpfer dieses Werkes eine Gestalt entgegen, die, obwohl sie den Namen des Künstlers trägt, mit seiner Person nicht identisch ist. Der Künstler hat diese Gestalt nicht erfunden, sondern sie ist *geworden,* indem das Nichtmitteilenswerte an ihm nicht ins Werk eingegangen ist. Diese Gestalt ist sein eigenes Ideal.

Die durch das Kunstwerk hindurchschimmernde menschliche Vollkommenheit aber ist es, die uns an unsere eigenen Möglichkeiten erinnert – und zwar unabhängig von unserem Glauben oder unserer Weltsicht, wenn auch mitunter nicht ohne Folgen für sie.

Die Tatsache, daß es die *Messen* Mozarts und die Messen *Mozarts* sind, die mir so viel bedeuten, mag unter anderem auf die durch den strengen Aufbau der Messe bedingte Notwendigkeit zurückzuführen sein, auf knappestem Raum ein Höchstmaß an Ausdruck zu verwirklichen, und darauf, daß ich keinen Komponisten kenne, dem das gelungen wäre wie Mozart – wobei ich die Unterschiede in der Qualität der einzelnen Messen und einzelner ihrer Teile nicht leugne. Dabei will ich nicht verschweigen, daß ich trotz allen Bemühens, mein Musikverständnis zu kultivieren, dem Melodischen in der Musik offenbar hoffnungslos verfallen bin (». . . weil . . . die leidenschaften, heftig oder nicht, niemal bis zum Eckel ausgedrückt seyn müssen, und die Musick, auch in der schaudervollsten lage, das Ohr niemalen beleidigen, sondern doch dabei vergnügen muß, folglich allezeit Musick bleiben muß . . .« Mozart, Brief vom 26. September 1781).

# Der gedeutete Autor

# Das weiße Gedicht

Hätte ich ein weißes Erlebnis gehabt und versucht, ein weißes Gedicht zu schreiben, und ein Leser würde sagen, das Gedicht sei schwarz, könnte ein Grund dafür sein, daß ich mit dem Weiß des Erlebnisses zu sparsam umgegangen bin, so daß das Gedicht grau wirkt und der Leser, dunkel vorgestimmt, vor allem die Schwarztöne herausspürt. Denkbar wäre aber auch, daß der Leser keinen Zugang zu diesem Gedicht findet oder nicht *mein* Leser ist oder überhaupt mit Gedichten wenig Erfahrung hat.

Würde dagegen ein Mädchen, das über und über verliebt und also lila gestimmt ist, dieses Gedicht als lila empfinden, spräche das weder dagegen, daß das Gedicht weiß ist, noch gegen das Poesieverständnis des Mädchens – im Weiß sind alle Farben des Regenbogens gebündelt.

# Der erhellende Begriff

AUF DICH IM BLAUEN MANTEL
(für Elisabeth)

Von neuem lese ich von vorn
die häuserzeile suche

dich das blaue komma das
sinn gibt

Über dieses Gedicht schreibt Otto Knörrich: »Auf
den ersten Blick ... scheint dieses Gedicht nicht
mehr als ein schlicht-menschliches Liebesbekenntnis
in der konventionellen Form der direkten Du-An-
rede zu sein. Es findet seine Beglaubigung in dem
wiederholten Absuchen der Häuserfront nach dem
angesprochenen Du, der Gestalt im blauen Mantel,
Elisabeth, der das Gedicht auch gewidmet ist. Jedoch dient die solchermaßen umrissene konkrete Situation darüber hinaus als der ›reale‹ Ausgangspunkt für einen metaphorischen Prozeß, durch den

die gesuchte menschliche Gestalt, d. h. die Geliebte, zum ›komma das/sinn gibt‹ wird, und damit erweitert sich die Thematik des Gedichts vom bloßen Liebesbekenntnis zur (existentiellen) Deutung der Liebe als der großen sinnstiftenden Kraft im menschlichen Dasein: Wie das Komma in der Wort-Zeile, im Text, Ordnung schafft, damit der Sinn der Aussage verstanden werden kann, so bewirkt die entlang der Häuser-›Zeile‹ gesuchte Gestalt, daß dem Liebenden die Umwelt in sinnvoller Geordnetheit erscheint.« Und Knörrich weiter: »Der ... Anstoß ... ist ein linguistischer Sprachverhalt, der dem Autor im Zusammenhang mit seinem Bilderlebnis einfällt: die – ihrerseits metaphorische, d. h. auf der metasprachlichen Ebene ins Bewußtsein gelangende – Bezeichnung einer Häuserfront als Häuser-›Zeile‹. Gäbe es sie in unserer Sprache nicht, könnte die Frau im blauen Mantel nicht zum Komma werden.«

Auch Birgit Johanna Lermen interpretiert dieses Gedicht. »Für die Frau, die nur im Titel angesprochen und umschrieben wird, treten im Gedicht selbst nur noch Zeichen ein«, schreibt sie. »Von dem blauen Mantel bleibt nur die Farbe selbst, die zum Signum der Hoffnung wird; genauer: zum individuellen Attribut der Frau, die den Mantel trägt und wahrscheinlich oft trägt. Seine Farbe wird zum Zeichen, das ihr Dasein verbürgt. Auf der Ebene solcher Abstraktionen versteht sich auch das Sprachspiel der ersten Doppelzeile (›*lese* ich die häuser*zeile*‹), in dem sich ein unruhiges, fast banges Hoffen ausspricht, die Suche nach dem einen Zeichen: ›Von *neuem* lese ich...‹. Die Hoffnung erfüllt sich in der Rückkehr der Frau. Mit ihrem Erscheinen – aber wohl auch in der Erinnerung an ihre Erscheinung – gewinnt alles Bedeutung; selbst die ›häuserzeile‹. Der Kontext legt nahe, das Wort ›häuserzeile‹ metaphorisch zu verstehen. Dabei ist wohl an Heidegger zu denken, der die Sprache als das ›Haus des Seins‹ bezeichnet hat. Im Lichte dieser Bestimmung wird verständlich, daß ›Haus‹ in der modernen Lyrik für das Gedicht stehen kann, so offenbar bei Paul Celan. Das Wort ›Zeile‹, das sowohl die Hausreihe an einer Straße wie den Vers in einem Gedicht bedeuten kann, geht in diese Metaphorik zwanglos ein, und das ›komma‹, das im Text zwei Redeteile zugleich trennt und verbindet, wird zum Zeichen für die Zweieinigkeit in der Liebe, gemäß der von Günter Kunert geprägten Formel ›Eins plus eins gleich eins‹. Bei Paul Celan kann man mit ähnlichem Sinn lesen: ›die zeile,/die wir umschlungen durchschwimmen‹.« In bezug auf die beiden letzten Verse sagt Lermen, es müsse nicht die Frau selbst sein, schon die »Epiphanie« genüge, dem Leben Sinn zu geben. »Schon sie wird zur Quelle der Kraft,... weil sie an die Frau erinnert...« Lermen fügt hinzu: »Die Botschaft des Gedichts von einer Erscheinung, von der eine Kraft ausgeht, erinnert an eine Schlüsselszene aus dem Buch ›Der kleine Prinz‹ von Antoine de Saint-Exupéry. Der Fuchs erklärt dem Kleinen Prinzen, was es bedeutet, sich *zähmen* zu lassen, sich vertraut zu machen: ›...Du siehst da drüben die Weizenfelder? Ich esse kein Brot. Für mich ist der Weizen zwecklos. Die Weizenfelder erinnern mich an nichts. Und das ist traurig. Aber du hast weizenblondes Haar. Oh, es wird wunderbar sein, wenn du mich einmal gezähmt hast. Das Gold der Weizenfelder wird mich an Dich erinnern. Und ich werde das Rauschen des Windes im Getreide liebgewinnen.‹«

Während Otto Knörrich streng logisch-analytisch verfährt und sich nie vom Text entfernt, interpretiert Birgit Johanna Lermen eher nachfühlend (»...versteht sich auch das Sprachspiel..., in dem sich ein *unruhiges, fast banges Hoffen* ausspricht«). Vor allem aber argumentiert sie assoziativ, wobei sie sich mit jeder Assoziation vom Text entfernt, um so sich ihm zu nähern, nie jedoch behauptet, ihre Überlegungen und Assoziationen müßten auch meine Überlegungen und Assoziationen gewesen sein. »Der Kontext *legt nahe*...«, sagt sie. Oder: »Dabei *ist wohl* an Heidegger *zu denken*...« Oder: »Im Lichte dieser Bestimmung *wird verständlich*...«

An anderer Stelle ihres Aufsatzes, wo sie das Gedicht »Auf dich im blauen mantel« zu dem Gedicht »Zuflucht noch hinter der zuflucht« in Beziehung setzt, schreibt sie: »›Zuflucht‹ und ›blaue(r) mantel‹ sind Begriffe mit religiösem Hintergrund. Der ›blaue mantel‹ ist bekannt als der Mantel Mariens, mit der auch der Begriff ›Zuflucht‹ verknüpft ist (Refugium peccatorum). Falls Kunze diese Konnotationen bewußt waren, nimmt er damit eine Tradition wieder auf, die auf den Minnesang zurückgeht. So wendet Walther von der Vogelweide auf eine irdische Frau die liturgischen Formeln an: ›rôs âne dorn, ein tûbe sunder gallen‹.«

Knörrich, der dem Gedicht »Auf dich im blauen mantel« das Gedicht »Der Rauch« von Bertolt Brecht gegenüberstellt, folgert: »Bei Brecht wie bei Kunze ist der Ausgangspunkt die Leere der Welt, die nur der – alleingelassene, auf sich zurückgeworfene – Mensch selbst durch ihre ›Vermenschlichung‹ zu überwinden vermag...

DER RAUCH

Das kleine Haus unter Bäumen am See.
Vom Dach steigt Rauch.
Fehlte er
Wie trostlos dann wären
Haus, Bäume und See.«

Knörrichs Interpretation trifft meine Weltsicht. Dennoch halte ich es für legitim, daß Lermen auf religiöse Vorstellungen hinweist, die sich mit dem einen oder anderen Wort verbinden, zumal sie ausdrücklich betont, daß ich an »solche Hintergründe... nicht gedacht haben muß«.

Wie Lermen das potentiell Religiöse, entdeckt Knörrich das de facto Politische dieses Gedichts: »... Kunzes Gedicht ist ein Liebesgedicht, und das heißt, daß sich die sinnstiftende Kraft der mitmenschlichen Begegnung in ihm von dem einzelnen, einmaligen Individuum herleitet, dem das Gedicht huldigt. Darin liegt natürlich – ob bewußt gewollt

172

oder nicht – zugleich ein politisches Bekenntnis, insofern sich unter den gesellschaftlichen Bedingungen des Lebens in der DDR das einzelne Ich gegenüber den Ansprüchen des Kollektivs in der Defensive befindet. Zweifellos hat die Zurückführung des ›Geschäfts‹ der Sinn-Stiftung in die private Dimension für den DDR-Leser einen ganz anderen Stellenwert als für den Rezipienten in der Bundesrepublik. Es ist für ihn dabei wohl gar nicht nötig, daß dieser Aspekt vom Autor im Text direkt signalisiert wird, doch kann man ein solches Signal in der von dem blauen Mantel (Elisabeths) abgeleiteten Farbe des Kommas erblicken, die es vor dem einförmigen Hintergrund der Häuserzeile als besonderes Einzelnes hervortreten läßt ... Die Relevanz der – zweifach genannten – blauen Farbe mit ihren Konnotationen (vielleicht bis hin zur blauen Blume der Romantik) ist dabei offenkundig. Zweifellos setzt sie den leblosen Steinfassaden der Häuser ein lebendiges, lebenverheißendes Moment entgegen und läßt die Liebe auch als eine konkret-sinnliche Erfahrung im Anblick der toten Materie erscheinen.«

Das nenne ich erhellend interpretieren und durch Interpretation die Freude am Text mehren – was einerseits das Höchste ist, das Interpretation zu leisten vermag, andererseits aber auch das einzige, das ihr letztlich Berechtigung verleiht. Im Vorwort zur »Braut von Messina« schreibt Schiller: »Alle Kunst ist der Freude gewidmet, und es giebt keine höhere und keine ernsthaftere Aufgabe, als die Menschen zu beglücken. Die rechte Kunst ist nur diese, welche den höchsten Genuß verschafft. Der höchste Genuß aber ist die Freiheit des Gemüts in dem lebendigen Spiel aller seiner Kräfte.« Die rechte Interpretation kann also nur jene sein, die dazu beiträgt, dieses Genusses teilhaftig zu werden.

# Das abgekanzelte Lied

Im »Gesangbuch für die evangelisch-lutherische Kirche in Bayern« steht ein Lied, dessen erste Strophe lautet:

Mein Gott, nun ist es wieder Morgen,
die Nacht vollendet ihren Lauf;
nun wachen alle meine Sorgen
auf einmal wieder mit mir auf.
Die Ruh ist aus,
der Schlaf dahin,
und ich seh wieder,
wo ich bin.

Ein geistlicher Würdenträger unserer Zeit schreibt, dieses Lied klinge ihm »so müde, als sei es von einem urlaubsreifen Christen verfaßt worden«. Und: »Wenn meine Seele auf diesen dumpfen Ton gestimmt wäre, sie könnte mir die Freude am Leben verleiden, vielleicht sogar die Freude am Gottesdienst.«
Halten wir uns, dem Geistlichen darin folgend, an

diese eine Strophe, als stünde sie für sich allein. Der Verfasser des Liedes ist der schlesische Dichter Caspar Neumann; er lebte von 1648 bis 1715.

Mein Gott...

»... und rufe mich an in der Not, so will ich dich erretten«, heißt es im Psalm »Der rechte Gottesdienst«.

Mein Gott, nun ist es wieder Morgen...

Ein Mensch, den erschreckt, daß es wieder Morgen wird, ist entweder am Ende seiner Lebenskraft, oder er ist am Verzweifeln.

Mein Gott, nun ist es wieder Morgen,
die Nacht vollendet ihren Lauf...

Eine letzte, den Morgen hinauszögernde Hinwendung zur Nacht: Sie hatte alles vergessen gemacht.

Mein Gott, nun ist es wieder Morgen,
die Nacht vollendet ihren Lauf;
nun wachen alle meine Sorgen...

Nichts, das gedeutet werden müßte: *Sorgen,* heißt es, und es sind ihrer viele.

Mein Gott, nun ist es wieder Morgen,
die Nacht vollendet ihren Lauf;
nun wachen alle meine Sorgen
auf einmal wieder mit mir auf.

»Auf einmal« bedeutet nicht nur »plötzlich«, sondern auch »zugleich«, und alle Sorgen zugleich – das eben ist zuviel.

In einer »Geschichte des Kirchenlieds und des Kirchengesangs« aus dem vorigen Jahrhundert heißt es, dieses Lied von Caspar Neumann sei eines seiner »in Schlesien... ganz und gar in den Volksgebrauch übergegangenen Lieder«, und ein aus dem Jahr 1844 stammender Bericht, der »an das Comité des Vereins zur Abhilfe der Noth unter den Webern und Spinnern in Schlesien« gerichtet ist und »unter Benutzung der amtlichen Quellen des Königl. Ober-Präsidii... von Schlesien« abgefaßt wurde, nennt einige mögliche Gründe für die Volkstümlichkeit dieser Liedstrophe. Der Berichterstatter, Alexander Schneer, schreibt über die »Baumwollenarbeiter... des Gebirges«: »Seit sieben und mehr Jahren haben sich die Unglücklichen nicht mehr irgend ein Kleidungsstück beschaffen können; ihre Bedeckung besteht aus Lumpen, ihre Wohnungen verfallen, da sie die Kosten der Herstellung nicht aufbringen können... Daß die Weber dazu getrieben werden von der Schlichte – sauer und stinkig riechender Stärke – sich zu ernähren, war nach unzweifelhaften Zeugnissen eine nicht seltene Erscheinung. Aus einem wahrheitsliebenden Munde hörte ich von einer Familie, die ich selbst nicht mehr besuchen konnte, welche, sechs Jahre verheirathet nach mehrtägigem Hunger das Stück Brodt hervorsuchte, welches sie, dem abergläubischen Gebrauche folgend, bei ihrer Verheirathung im Hause versteckt, damit es ihnen nie an Brodt fehle. Dieses sechs Jahr alte verschimmelte Brodt war ihnen ein glücklicher Fund... Kinder von sieben und acht Jahren, nicht blos in den Betten nackt liegend sondern auch in den Stuben da sitzend, ohne selbst nur mit Lumpen bedeckt zu sein, habe ich... bis zur Unzahl gefunden.«

Mein Gott, nun ist es wieder Morgen...

Der Berichterstatter gedenkt »eines Ausspruchs...,

den ein sehr einsichtiger Verwalter der Ortspolizei in einem Gebirgsdorfe« getan habe. »Die Noth«, habe der Polizist gesagt, »hat die Unglücklichen nur deshalb nicht zu allerhand Verbrechen getrieben, *weil die lange Gewohnheit des Elends sie körperlich und moralisch deprimirt hat, und es ihnen bereits an der zum Verbrechen nöthigen Thatkraft fehlt.*«

Der geistliche Würdenträger unserer Tage zieht dem zweihundert Jahre alten, die Seele auf einen »dumpfen Ton« stimmenden Lied, das ihm »die Freude am Leben..., vielleicht sogar... am Gottesdienst« verleiden könnte, ein zeitgenössisches Morgenlied vor, eines, das nicht im Gesangbuch steht:

RETTER ZWISCHEN TAG UND TAT

Die vögel zersingen den schlaf

Die gedanken
geben dem herzen die sporen

Sie sprengen davon, während ich
liege

Sie werden es zuschanden reiten, wenn ich
nicht aufsteh

»So voller Tatendrang« zu erwachen, das sei für einen Christen wünschenswert, schreibt der Geistliche, »Gott geb's!« – Tatendrang aus rechtem Glauben?

178

Der Verfasser dieses Gedichts wagt nicht, ihn für sich in Anspruch zu nehmen.
Dagegen nähme er für das Gedicht gern eine gewisse Nähe zu der Liedstrophe von Caspar Neumann in Anspruch.

Die gedanken
geben dem herzen die sporen . . .
Sie werden es zuschanden reiten . . .

. . . nun wachen alle meine Sorgen
auf einmal wieder mit mir auf.

Gedanken, die das Herz zwischen Erwachen und Aufstehen zuschanden zu reiten drohen, sind keine Sendboten aus dem Paradies. Handelt es sich vielleicht nicht nur um Taten*drang,* sondern auch um Taten*zwang?*
All das scheint dem Geistlichen entgangen zu sein.
Aber ein Lied, das vor dem Leben recht behält, hat auch recht vor der Kanzel.

Mit Rückporto
oder
das Ende der Interpretation
(eine Fußnote)




## DAS ENDE DER KUNST

Du darfst nicht, sagte die eule zum auerhahn,
du darfst nicht die sonne besingen
Die sonne ist nicht wichtig

Der auerhahn nahm
die sonne aus seinem gedicht

Du bist ein künstler,
sagte die eule zum auerhahn

Und es war schön finster

»Sehr geehrter . . .,
für die Ausarbeitung einer Interpretation eines Ihrer
Gedichte bitte ich Sie um eine Stellungnahme. Hier-
bei handelt es sich um das Gedicht ›Das Ende der
Kunst‹.
Es interessiert mich besonders die Aussage des Ge-

dichtes und ob es sich dabei um eine Parodie handeln soll, desweiteren was Sie mit der Veröffentlichung des Gedichtes bezwecken wollten.

Besonders beschäftigt uns die Frage, was Auerhahn und Eule bedeuten.

Wir wenden uns direkt an Sie, weil Sie einer der wenigen Dichter sind, die wir bearbeitet haben und noch nicht das Zeitliche gesegnet haben, deshalb wäre es eine einmalige Gelegenheit für uns, auch einmal die Absicht des Verfassers persönlich zu erfahren.

Da wir in Zeitnot sind, bitten wir Sie, uns eine schnelle Antwort zukommen zu lassen.

Porto für die Antwort liegt bei.

Vielen Dank im voraus.

Bremervörde, den 18. 09. 86«

# Anmerkungen

Sämtliche Texte aus dem Tschechischen wurden, wenn kein anderer Übersetzer genannt ist, vom Autor übertragen. Ebenso die Gedichte »Bartók« von Gyula Illyés und »Das feuer« von Lázsló Nagy (Interlinearübersetzung aus dem Ungarischen: Paul Kárpáti).

Die Gedichte aus dem Spanischen wurden von Hans Leopold Davi (Juan Ramón Jiménez), Erwin Walter Palm (u. a. Antonio Machado) und Fritz Vogelgsang übersetzt (»Platero«).

Die Verse aus dem Ägyptischen übertrug Hannelore Kischkewitz.

*Weniger bekannte Quellen der zitierten Literatur:*
Joachim Kaisers Essay »Vom Ernst der Kunstwahrheit – Die strengen Kriterien des Geschmacks und der Form« erschien in der Zeitschrift »Die politische Meinung«, Nr. 229, November/Dezember 1986.

Martin Heideggers Anmerkungen zu Abraham a Santa Clara wurden zitiert nach »Wort und Wahr-

heit«, Nr. 22, 1967 (»Über Abraham a Santa Clara –
Ansprache zu einem Schulfest«).

Die Übertragung des Gedichts »Friedhof in Genua«
von H. C. Artmann erschien in: Jaroslav Seifert, »Auf
den Wellen von TSF«, Wien-Nußdorf 1985, und die
Übertragungen der Gedichte »Dithyrambus an die
Frauen« und »Bartók« wurden dem Auswahlband
entnommen: Gyula Illyés, »Mein Fisch und mein
Netz«, Berlin 1973.

Das Motto des Essays »Konsequenz Leben – Schriftsteller sein im geteilten Deutschland« stammt aus Michael Hamburgers Erinnerungsband »Verlorener
Einsatz«, Stuttgart 1987.

# Dank und Zueignung

Ich danke Herrn Prof. Dr. Frühwald, Universität München, den Herren Professoren Dr. Günter Hess und Dr. Dieter Schäfer, Universität Würzburg, und Frau Dr. Brita Steinwendtner, Österreichischer Rundfunk, für ihr Vertrauen.

Zureichungen in Theorie und Praxis habe ich besonders Frl. Herta Spitzenberger, Frl. Paula Wachtfeichtl und den Herren Dr. Karl Corino, Heiner Feldkamp, Dr. Heinz Huther, Dr. Jörg Kastner, Tilman Sachße und Jürgen P. Wallmann zu danken.

Freundliche Förderung erfuhr meine Arbeit auch durch Frau Dr. Irene Krawehl und Herrn Dr. Karl-Heinz Weiß, München, sowie durch meine Enkel Janna und Felix, die, wenn ich sie bat, eine Zeitlang nicht zu stören, eine Zeitlang nicht störten. Auch ihnen meinen Dank.

Ich widme dieses Buch Waltraud und Hermann F. Behrens, Buenos Aires, Pater Prof. Dr. Heinz Hamm SJ, Tokyo, und Götz Teutsch, Berlin.

R. K.

# Inhalt